高等院校工商管理类系列教材

企业调研

主编 于润 徐林萍

南京大学出版社

高等院校工商管理类系列教材

企业简史

主编 王 琪 徐松林

南京大学出版社

前言 QIAN YAN

2014年,南京大学金陵学院商学院成立企业生态研究中心,开始开展江苏中小企业景气指数及生态环境评价研究。研究中心每年定期组织师生分赴江苏13个地级市开展江苏中小企业景气调研,并基于问卷调研形成的数据和同期江苏省统计局公布的数据,编制并定期发布年度江苏中小企业景气指数、江苏中小企业生态环境评价报告。这一研究项目已经成为南京大学金陵学院应用型人才培养的特色和标志性成果之一。

2017年,研究中心在2014—2016年连续三年开展中小企业景气调研的基础上,根据实地调研的经验积累,汇集不同专业的优秀教师组建教学团队,筹划开设《企业调研》的特色课程,为学生如何深入企业调研提供系统性指导。教学团队成员从企业调研需要具备的基本知识、问卷调研需要掌握的技巧、问卷数据的录入和分析、景气指数的计算和生态环境的评价等多个方面对课程进行了整体的设计,从理论学习和实验实训两个方面对学生进行调研前的培训。

2018年,《企业调研》的课程正式面向商学院2017级所有专业的学生开设,每年选修这门课程的学生数量均超过400人。教学团队成员在积累授课经验的同时完成了《企业调研》教材的编写工作。本教材由来自商学院不同专业的7位教师联合编写,共包括八章内容。编写人员的分工如下:

于润,南京大学金陵学院商学院院长,教授,南京大学金陵学院企业生态研究中心主任,主编本教材,撰写教材的第五章。

徐林萍，南京大学金陵学院商学院副院长，副教授，南京大学金陵学院企业生态研究中心副主任，负责组建教学团队和课程的整体安排，主编本教材，撰写教材的第一章、第七章第一节和第八章第一节、第二节。

陈永霞，南京大学金陵学院企业生态研究中心办公室主任，负责课程的日常管理，撰写教材的第二章，负责教材的统稿工作。

王宁，南京大学金陵学院商学院市场营销系教师，负责撰写教材的第三章。

陈敏，南京大学金陵学院企业生态研究中心副主任，南京大学金陵学院商学院金融系教师，负责撰写教材的第四章。

孙素梅，南京大学金陵学院商学院国际经济与贸易系教师，负责撰写教材的第六章和第八章第三节。

傅欣，南京大学金陵学院商学院国际经济与贸易系教师，负责撰写教材的第七章第二节。

《企业调研》是国内少数基于企业调研实践的总结而编写的应用型教材，对于如何深入企业开展调研尤其是问卷调研具有较高的参考价值。除经济与管理类专业的学生外，其他专业的学生也可以通过阅读本教材，掌握企业调研的理论知识和基本方法，并开展相应的调研活动。教学团队的全体成员也会在教学与实践的过程中，不断对教材内容进行改进和更新。

南京大学金陵学院企业生态研究中心

徐林萍

2020 年 5 月 20 日

目录 MU LU

第一章 中小企业发展概况 …………………………………………………… 1
 第一节 中小企业概述 ………………………………………………… 3
 第二节 发达国家的中小企业发展概况 ……………………………… 7
 第三节 我国中小企业的发展概况 …………………………………… 13

第二章 企业调研的基本方法 …………………………………………… 21
 第一节 调研的基本方法 ……………………………………………… 23
 第二节 抽样调研 ……………………………………………………… 27
 第三节 问卷调研的基本方法 ………………………………………… 31

第三章 调研中的沟通方法与技巧 ……………………………………… 35
 第一节 沟通的基本内容 ……………………………………………… 37
 第二节 沟通方法 ……………………………………………………… 40
 第三节 调研中的沟通技巧 …………………………………………… 44

第四章 中小企业景气指数的问卷调研及指数计算方法 …………… 49
 第一节 中小企业景气指数的问卷调研 ……………………………… 51
 第二节 中小企业景气指数计算方法 ………………………………… 61

第五章 企业调研的质量保障与职业精神 ······ 67
  第一节 企业调研的"态度" ······ 69
  第二节 企业调研的"诚信" ······ 73
  第三节 企业调研的"专业" ······ 82
  第四节 企业调研的"责任" ······ 87

第六章 数据的基本统计分析 ······ 93
  第一节 数据和数据展示 ······ 95
  第二节 统计分析 ······ 105

第七章 企业调研报告的撰写与展示 ······ 125
  第一节 企业调研报告的撰写 ······ 127
  第二节 企业调研报告的展示：Power your Point ······ 131

第八章 企业生态环境及其评价 ······ 143
  第一节 企业生态环境概述 ······ 145
  第二节 企业生态环境的构成 ······ 146
  第三节 企业生态环境评价分析 ······ 149

参考文献 ······ 155

附录1 统计上大中小微型企业划分办法(2017) ······ 157

附录2 中华人民共和国中小企业促进法 ······ 160

第一章

中小企业发展概况

　　了解中小企业是开展中小企业景气调研和生态环境评价的基础。本章概述了中小企业的特点,政府对中小企业的发展扶持政策;介绍了美国、德国等主要发达国家的中小企业发展概况;介绍了我国中小企业尤其是江苏中小企业的发展概况。本章的学习,会让你对中小企业有进一步的认知。

第一节

中小企业概述

一、中小企业的界定

(一) 中小企业的定义

中小企业(Small Medium-sized Enterprises,SMEs)是指依法设立的有利于满足社会需求,增加就业,符合国家产业政策,生产经营规模都属于中小型的各种所有制和各种形式的企业。(《中华人民共和国中小企业促进法》中的界定)

由定义可见,中小企业对于满足社会的多样化需求,增加全社会就业,促进一国的产业发展具有重要作用,是一国经济的重要组成部分。中小企业的生产经营规模不大,从性质上看可以是各种所有制和各种形式,而不仅仅是私营企业。

(二) 中小企业的界定方法

中小企业的界定方法有两大类,一类是定性界定法,另一类是定量界定法。

1. 定性界定法:通常把具备中小企业本质特征的企业视为中小企业。中小企业的本质特征主要是独立所有,自主经营,在其所在行业或领域不占垄断地位。

2. 定量界定法:按照一定的量化标准进行界定。主要包括两种方法:

(1) 客观标准界定法:以企业的资本金额、销售收入、雇员(职工)人数等标准来界定。

(2) 相对标准界定法:以行业中的相对份额指标为标准,无论实际规模,只确定一个固定的数量百分比。

定量界定法比定性界定法更容易量化，有利于准确界定。因此，目前绝大多数国家采用定量界定法。全球没有统一的中小企业界定标准，各国往往根据本国经济和产业发展的实际情况，采用各自的标准对中小企业进行界定。

美国将企业分为大企业和小企业两类，并按照雇用人员和年营业额两个标准进行界定，雇员人数500人以内、年营业额1亿美元以下的企业属于小企业。德国也按照雇用人员和年营业额两个标准进行界定，凡雇用职工在500人以内，年营业额在5 000万欧元以下的工业、商业、手工业、服务性行业中的企业以及自由职业者均为中小企业。英国则按照雇员人数划分企业规模，10人以下的企业为微型企业，50人以下的企业为小型企业，50~249人的企业为中型企业。

我国是从营业收入、从业人员、资产收入三个方面确定各个行业的企业划分标准的。不同行业的产值和特征是有所差别的，因此在划分企业规模时采用的指标有所差别，指标的划分区间也不尽相同。例如，农、林、牧、渔业按照营业收入大小划分不同规模企业，营业收入20 000万元以下的为中小企业；工业按照从业人员、营业收入两个指标进行划分，从业人员少于1 000人且营业收入低于40 000万元的为中小企业；而租赁和商业服务业则按照从业人员、资产总额两个指标进行划分，从业人员少于300人且资产总额低于120 000万元的为中小企业。不同行业大、中、小、微不同规模企业的划分可详见附录1《统计上大中小微型企业划分标准（2017）》。

二、中小企业的特征

（一）中小企业数量多，分布广

中小企业遍布全球各地，经营范围相当广泛，经营项目相当丰富，几乎涉及社会经济和社会的各个方面，几乎覆盖所有行业。由表1-1可见，主要国家的中小企业数量占全国企业总数量都在98%以上，对经济的贡献率约为50%，对就业的贡献率至少为60%。

表 1-1 部分国家中小企业数量及贡献占比统计

	美国	德国	日本	中国
占国内企业总数	99%	99.7%	99.7%	99.5%
对经济的贡献率	50%	45%	47%	55%
就业人数占比	60%	70%	70.2%	75%

(二) 中小企业规模小,抗风险能力相对较弱

与大企业相比,中小企业规模小,抗风险能力相对较弱,尤其在经济衰退或者下行时期,往往面临巨大的生存压力,因此生存周期相对较短。例如2008年全球经济危机爆发后,大量的中小企业破产倒闭;2020年初我国爆发新型冠状病毒性肺炎疫情后,处于控制疫情的需要,大量企业停产并延期复工,就有许多中小企业无法撑过3个月。

据统计,世界500强企业的寿命为40年～42年,1 000强企业的平均寿命为30年。可见,规模较大的企业抗风险能力较强,寿命较长。而中小企业抗风险能力相对较低,因此寿命也普遍较短。图1-1显示的是美国小企业的正常寿命统计结果,68%的小企业生存期不超过5年,生存期超过10年的仅为13%。我国的中小企业生存周期更短,大部分不超过3年。

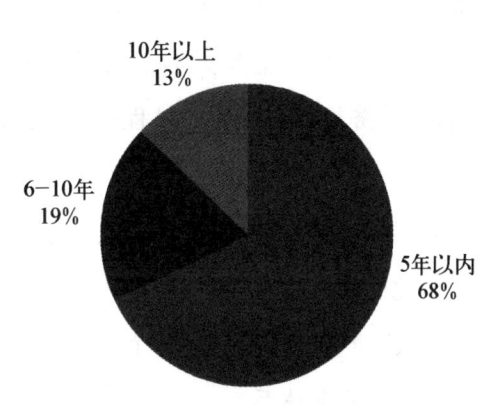

图 1-1 美国小企业正常寿命比例图

(三) 中小企业股权结构单一,经营机制灵活,经济结构调整快

中小企业多为独自或简单的股份有限公司,大多数企业属于"一股独大"型,因此决策简单,经营机制较为灵活。在一国经济结构调整的过程中,中小企业"船小好调头",容易迅速适应产业结构变迁的要求。

（四）中小企业与大企业的联系日益密切

随着产业结构和生产分工的调整，企业间的竞争与合作逐渐从以前的产业间转向产业内和产品内，形成了基于价值链的分工模式。产品结构日益复杂化、生产分工日益专业化、精细化，一个产品的生产需要由大量企业共同参与，由上下游企业在价值链上发挥各自的优势。由大企业主导，众多中小企业共同参与分工协作的生产模式日益成为主流模式。

三、政府对中小企业发展的政策和服务体系

中小企业对一国经济十分重要，但受发展规模的制约，经营总会遇到各种问题。因此，政府往往会对中小企业的发展提供各类政策支持和服务。

国外的中小企业理论大体经历了三个阶段：(1) 资本主义早期的中小企业淘汰论，认为中小企业规模小，无法与大企业抗衡，对一国经济贡献不大，最终将退出历史舞台。(2) 垄断资本主义时期的中小企业存在论，认为1929年经济大萧条后，在经济复苏和发展的过程中，中小企业发挥了积极的作用，是对一国经济的重要补充。(3) 当代的中小企业发展论，看到了中小企业存在的意义及其对经济的重要贡献，认为政府需要大力支持中小企业的发展。

此后，政府越来越重视中小企业的发展，出台了各种政策，从税收、财政补贴、金融、法律、创新、出口等各个方面为中小企业提供支持，并逐步建立起较为完善的中小企业服务体系。

第二节

发达国家的中小企业发展概况

一、美国小企业的发展

(一) 美国小企业的发展概况

1. 小企业对美国经济贡献很大

美国将企业按照规模划分为大企业和小企业两类,小企业的数量约为3 000万家。小企业代表了99%的雇主,雇用了52%的工人,61%的领取失业救济的工人,38%的高技术行业的工人。小企业创造了全美51%的私营企业产值,47%的全国销售额,50%的GDP。小企业代表了美国96%的出口商,获得了联邦政府合同额的35%。

2. 小企业是美国技术创新的重要力量

美国小企业完成的科技发展项目占全国的70%左右,人均创新发明是大企业的2倍。美国小企业管理局曾经收集20世纪对美国和世界有过巨大影响的65项发明和创新,发现他们基本上都先由个人完成,然后取得专利,办起自己的小企业,生产和销售这种新产品,最后再发展成为大公司。美国小企业的科技投资回收期约比大公司短1/4,发展新技术新产品的效率高于大企业。可以说,美国的小企业最具活力和创新精神。

3. 小企业的更新速度较快,带动了美国经济结构的调整

在美国,每年有14%的小企业破产倒闭,同时又有16%的小企业新增重组,每年小企业的数量净增2%(如图1-2所示)。更新后的小企业不断向科技型、创新

型的产业聚集,推动了美国产业结构的不断调整和优化,有助于美国企业在全球竞争中能始终保持领先地位。

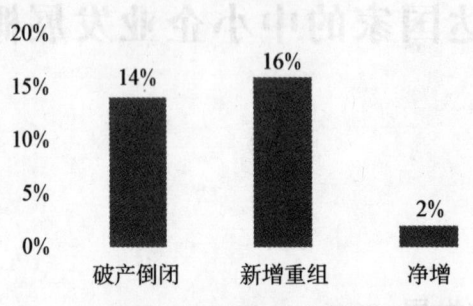

图1-2 美国小企业数量年增长变化比例图

4. 美国的小企业与大企业的发展也日趋紧密

美国拥有世界上数量最多的跨国公司,在全球范围内开展经营活动。随着国际分工的变化,大企业为主导,并能联合小企业共同进行价值创造的模式逐渐占据主导。小企业依靠大企业为其开拓和占领国际市场,大企业则依靠众多小企业为其提供零部件和专业化服务并销售产品。

5. 美国小企业广泛地运用了网络技术,企业信息化程度很高

半数以上小企业设立了自己的网址,其中,95%以上的工业小企业都建构了自己的信息化平台,利用信息化平台,小企业可以进行将产品进行网络推广,利用信息化的手段进行商业分析,并为客户提供网络服务,从而有效地降低了企业的成本,提高了经营效率,提升了盈利能力。

(二) 美国的小企业服务体系

美国政府对小企业的发展提供了全面的支持,并建立了一套非常完善的服务体系,包括制定相关法律、健全服务机构、提供融资支持、实行税收优惠、实施全面服务等。

1. 制订促进小企业发展的法律

美国一直以来都在不断完善反托拉斯法(反垄断法),制定了从《谢尔曼法》到《克莱顿法》《米勒—泰丁法》《塞勒—凯福尔法》等一系列反垄断法,以保障小企业在市场竞争中能够获得公平的市场地位。1952年美国制定了专门促进小企业发

展的《小企业法案》,此后又制定了相应的配套法案,包括《机会均等法案》《小企业创新发展法》等。完善的法律体系为美国小企业的发展提供了良好的法制环境。

2. 设立专门的小企业管理机构和社会化服务机构

美国政府设立了专门的小企业管理机构,除了联邦政府小企业局(SBA)专门对小企业发展进行管理并提供服务外,还有白宫小企业委员会和国会小企业委员会,分别为总统和国会提供关于小企业发展的各项决策咨询。此外,还有大量的小企业社会化服务机构,有政府主导型、社会自主型、行业组织型和混合型四种类型,从不同角度和不同层次为小企业提供所需要的各类服务,并且这些机构都具有较高的服务效率。

3. 为小企业提供多种形式的融资支持

美国资本市场发达,小企业的融资渠道较多,政府为小企业提供了不同类型的融资支持,主要包括贷款援助、风险投资、市场融资等多种方式。

贷款援助:美国政府以担保的方式吸引银行向中小企业提供贷款,针对不同类型的贷款提供不同的担保服务(如表1-2所示)。

表1-2 美国政府为小企业提供的贷款担保

贷款类型	政府的贷款担保
一般贷款	75万美元以下的贷款提供总贷款额75%的担保 10万美元的贷款提供80%的担保 贷款偿还期最长可达25年
少数民族和妇女所办小企业的贷款担保	提供25万美元以下的90%额度比重的担保
少量的"快速车道"贷款担保	对小企业急需的少数"快速"贷款提供50%额度比重的担保
出口及国际贸易企业的贷款担保	做法与一般担保基本相同
不足2.5万美元的小额贷款业务	通过中间组织如商会和其他商业机构等,由他们出面再贷给小企业主

风险投资:政府设立了专门为高新技术型小企业创新活动提供的具有高风险和高回报率的专项投资基金。

市场融资:美国的NASDAQ股票市场,专为小型科技企业提供直接融资的渠道。

4. 对小企业实施各种税收优惠

美国对小企业提供了大量的税收优惠,包括:减少对企业新投资的税收、降低公司所得税率、推行加速折旧、实行特别的科技税收优惠、对企业科研经费增长额实行税收抵免等,从各个方面降低小企业的税收负担,提高税后利润。

5. 为中小企业提供全方位的服务

除了各类促进小企业发展的政策外,美国还为小企业提供了全方位、高效率的服务,包括:帮助小企业建立健全社会保障制度、完善基础设施和公共服务设施、提供信息咨询服务、人才培训服务、创业辅导服务、产品促销和市场拓展服务等。

二、德国中小企业的发展概况

(一) 德国中小企业的数量及贡献

德国的中小企业有300多万家,占德国企业总数的99%以上,其产品占德国产品的70%到90%的市场份额,创造了全部德国60%左右的GDP,50%左右的税收和70%左右的就业。

(二) 德国小企业的特点

德国是全球制造业最发达的国家之一,拥有良好的制造业基础和完善的工业体系。德国小企业的生存周期相对较长,规模虽然不大,但不少企业在细分领域具有强大的的国际竞争力,有些企业更是成了行业内当之无愧的"隐形冠军"企业,在行业中占据绝对的市场份额。例如,管风琴制造商莱克斯,世界最负盛名的歌剧院或教堂的管风琴都由它独家制造;豪尼是全球唯一一家能够提供全套卷烟生产系统的企业,占据高速卷烟机械市场90%以上的份额;杰里茨是全球唯一的大型舞台幕布生产商,市场份额达到100%。

据统计,2015年全球共有2 734家隐形冠军企业,而德国的隐形冠军企业数量最多(1 307家),占全球隐形冠军企业总数的47.8%,远远超过美国、日本等发达国家(见表1-3)。而且德国隐形冠军企业涉及机械制造类、电子类、金属加工类、化工类等工业制成品,以及大量的消费类产品和服务类产品(见图1-3),行业分布非常广泛,远胜于美国(集中在军火制造)、俄罗斯(集中在军火制造、天然气)、澳大利亚(集中在采矿业)、韩国和日本(集中在电子产品、机械制造)。(以上数据均"隐形冠军之父"赫尔曼·西蒙收集)

表1-3 全国隐形冠军企业数量最多的前十个国家

全球排名	1	2	3	4	5	6	7	8	9	10	合计
国家	德国	美国	日本	奥地利	瑞士	意大利	法国	中国	英国	瑞典	
数量(家)	1 307	366	220	116	110	76	75	68	67	49	2 454
占比(%)	47.8	13.4	8.0	4.0	4.0	2.8	2.8	2.5	2.5	1.8	89.9

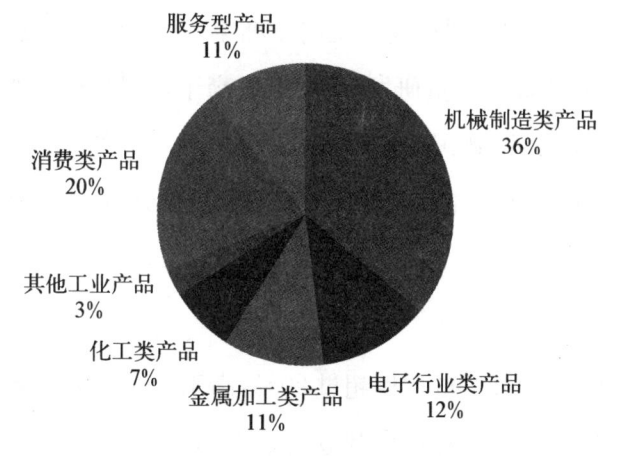

图1-3 德国隐形冠军企业的行业分布图

表1-4 其他国家隐形冠军企业的行业分布

国家	隐形冠军企业的行业
美国	军火制造
俄罗斯	军火制造、天然气
澳大利亚	采矿业
韩国、日本	电子产品、机械制造

(三)德国中小企业发展的有利条件

1. 历史因素的推动

德国经历过很长一段时间的分裂,国内市场规模有限。这迫使德国的中小企业为求生存和发展,必须走国际化、高附加值的道路。因此,德国的中小企业追求的不是规模,而是通过高度的专业化和创新不断提高产品的附加值,提升全球市场的竞争力。

2. 传统专业技能的良好传承

德国的中小企业具有良好的工匠精神,注重专业技能的培养和发展。很多产品的专业技能都是代代传承,并不断改进,从而保证了工艺和技术上的领先优势。

3. 持续的创新能力

德国中小企业拥有的专利总数量位居欧洲第一,人均专利数量是跨国公司的5倍。很多中小企业都非常注重研发,研发投入高于德国其他企业2倍,且研发效率很高。在产品创新方面,德国的中小企业注重核心产品的持续研发和深度加工,这使得德国中小企业的产品能够在各自的细分领域做到极致并始终保持很强的全球竞争力。

4. 良好的制造业基础

德国的第二产业占GDP的比例超过20%,高于其他发达国家。国内有较为完整的工业体系,大量的中小企业从事制造业生产,企业间的竞争非常激烈。虽然没有在全球范围内进行大规模的经营,但精益求精的制造业发展战略,使得德国中小企业仍然保持了强大的竞争力。

5. 发达的产业集群

德国国土面积不大,但拥有几十个非常发达的产业集群,例如索林根的刀具、施韦因富特的轴承、纽伦堡的铅笔、威尔泰姆的保温容器等。这些产业集群集聚了大量的中小企业,形成了完整的产业链,并通过上下游企业的激烈竞争实现优胜劣汰。

6. 完善的职业培训

德国拥有完善的职业培训体系,从学校到企业的无缝对接,为中小企业的发展提供了源源不断的专业人才,有效解决了中小企业用人难的问题。

第三节

我国中小企业的发展概况

一、我国中小企业的概况

改革开放以来,我国中小企业快速发展,对国民经济的贡献日益加大。截止到2018年底,我国中小企业的数量已经超过了3 000万家,个体工商户数量超过7 000万户,贡献了全国50%以上的税收,60%以上的GDP,70%以上的技术创新成果和80%以上的劳动力就业。

我国对于中小企业的统计,主要关注的是规模以上工业中小企业。下文使用国家统计局发布的规模以上工业中小企业统计数据来说明我国中小企业的数量变化、地区分布、产业分布和整体经营状况。

(一) 中小企业的数量变化

国家统计局数据显示,2018年末,规模以上工业中小企业数量为36.9万户,比2017年末减少6 494户企业,2011年以来首次出现负增长(如图1-4所示);占全

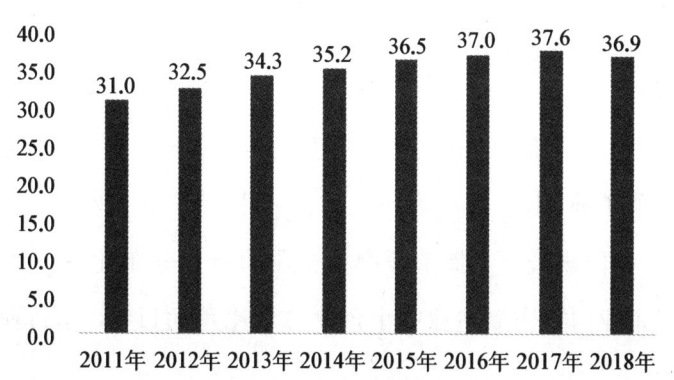

图1-4 我国2011~2018年规模以上工业中小企业数量

部规模以上工业企业(以下简称"规上企业")户数的 97.6%。其中,中型企业 5.0 万户,占中小企业户数的 13.5%;小型企业 31.9 万户,占 86.5%。

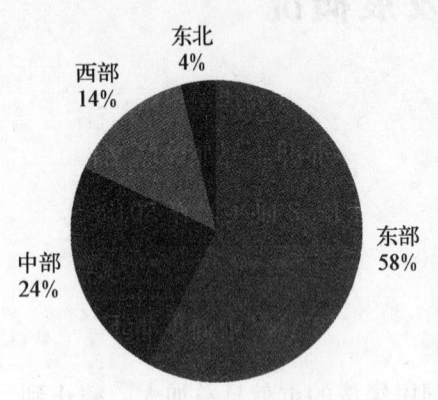

(二) 中小企业的地区分布

从中小企业的地区分布看(图 1-5),东部地区数量最多,达到 58%,东北地区数量最少,仅为 24%。中小企业数量占全国的数量超过 5%的省份共有 6 个(图 1-6),广东、江苏、浙江、山东四个省份的占比均超过 10%,河南和安徽超过 5%。这样的地区分布与我国整体经济的地区分布是一致的,充分说明中小企业对各个地区和各个省份的经济贡献。

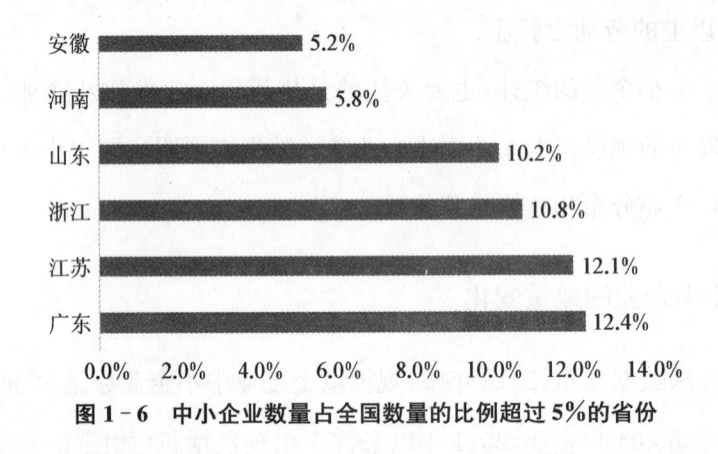

图 1-5 我国规模以上工业中小企业 2018 年地区分布统计图

图 1-6 中小企业数量占全国数量的比例超过 5%的省份

(三) 中小企业的行业分布

2018 年规模以上工业中小企业中,有制造业企业 34.8 万家,占总量的 94.1%,处于主导地位;采矿业、电力热力燃气及水生产和供应业中小企业数量分别占比 2.9%和 3.0%。我国规模以上制造业中小企业的行业分布比较广泛,制造业的 31 个行业中,中小企业户数占制造业中小企业总量比重超过 5%的行业有 9 个,具体如图 1-7 所示。

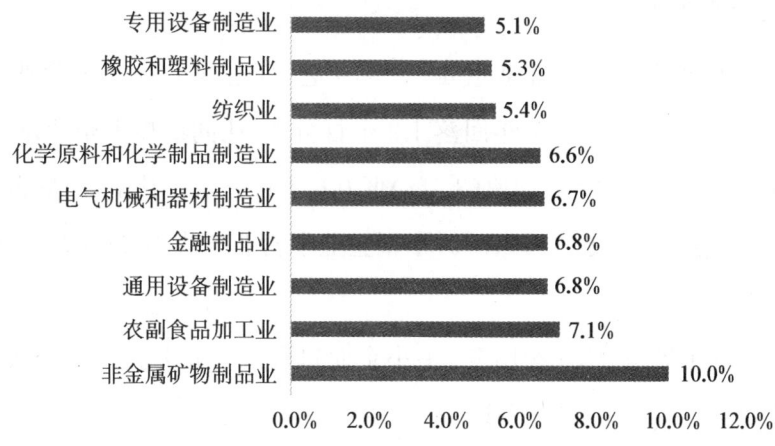

行业	比重
专用设备制造业	5.1%
橡胶和塑料制品业	5.3%
纺织业	5.4%
化学原料和化学制品制造业	6.6%
电气机械和器材制造业	6.7%
金融制品业	6.8%
通用设备制造业	6.8%
农副食品加工业	7.1%
非金属矿物制品业	10.0%

图 1-7 中小企业户数占制造业中小企业总量比重超过 5% 的行业

(四) 中小企业的整体经营状况

1. 主营业务收入

2018 年,中小企业实现主营业务收入 57.9 万亿元(占规上企业主营业务收入的比重为 56.7%),同比增长 8.4%,增速比上年回落 0.9 个百分点;比同期规上企业增速(8.5%)低 0.1 个百分点,比大型工业企业增速(8.7%)低 0.3 个百分点。其中,中型企业实现主营业务收入 23.3 万亿元,同比增长 8.7%;小型企业主营业务收入 34.7 万亿元,增长 8.1%。

将中小企业与规上企业、大型企业进行比较(如图 1-8 所示),从 2013~2018 年三类企业的主营业务收入增速看,2016 年以后中小企业的主营业务收入增速的优势不再,在经济下行压力不断加大的背景下,中小企业的经营压力也随之增加。

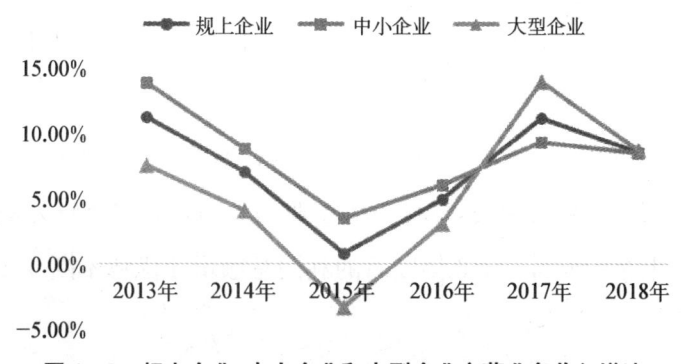

图 1-8 规上企业、中小企业和大型企业主营业务收入增速

2. 主营业务成本

2018年,中小企业主营业务成本49.3万亿元(占规上企业主营业务成本的57.5%),同比增长8.0%,比上年回落1.2个百分点;比同期规上企业增速(8.3%)低0.3个百分点,比大型企业增速(8.6%)低0.6个百分点。其中,中型企业主营业务成本19.4万亿元,同比增长8.3%;小型企业主营业务成本29.8万亿元,同比增长7.8%。

由图1-9可见,2013~2018年,中小企业每百元营业务收入中的成本均超过85元,2018年较2017年有所下降。

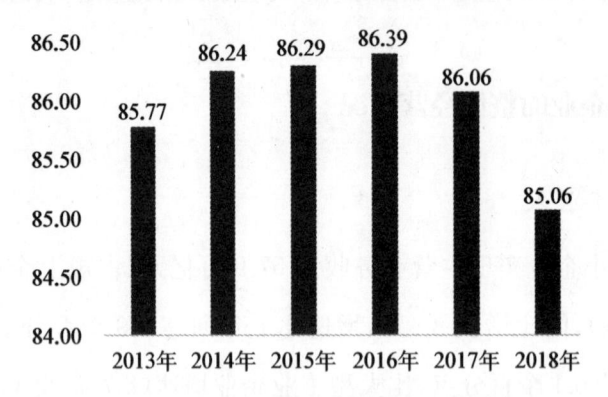

图1-9 中小企业每百元营业务收入中的成本

年份	2013年	2014年	2015年	2016年	2017年	2018年
数值	85.77	86.24	86.29	86.39	86.06	85.06

3. 利润总额

2018年,中小企业实现利润总额3.4万亿元,占规上企业利润总额的51.6%,同比增长11.4%,增速比上年回落1.5个百分点;比同期规上企业增速(10.3%)高1.1个百分点,比同期大型企业增速(9.2%)高2.2个百分点。其中,中型企业利润总额1.6万亿元,同比增长11.0%;小型企业利润总额1.9万亿元,同比增长11.8%。

将中小企业与规上企业、大型企业进行比较(如图1-10所示),从2013~2018年三类企业的利润总额增速看,尽管中小企业的利润总额增速较为稳定,但相对于大型企业和规上企业而言,2016年以后的利润总额增速优势不断变小。

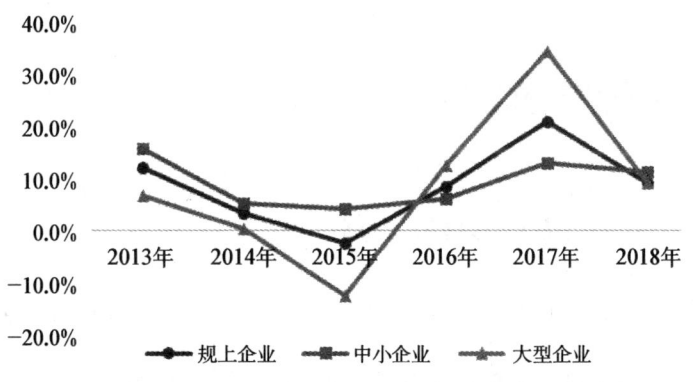

图 1-10 规上企业、中小企业和大型企业利润总额增速

4. 亏损面

2018年末,中小企业亏损5.6万户,企业亏损面(亏损企业数量占总企业数量的比例)为15.2%,比上年末扩大3.4个百分点。从2012～2018年的数据看,中小企业的亏损面每年都超过11%(如图1-11所示),2018年的增幅较大。我国宏观经济整体下行对中小企业的发展造成了较大的压力。

图 1-11 2012～2018 年我国中小企业亏损面变化情况

(五)我国中小企业的特点

我国中小企业的投资主体和所有制结构多元,以非国有企业为主。中小企业发展不平衡,优势地区相对集中,主要分布在东南沿海地区。中小企业的劳动密集度高,多为劳动密集型产业,技术含量和技术装备率低,大多位于价值链的生产制造环节,产品附加值低,盈利能力较弱。中小企业的整体竞争环境有待改善,在与国有企业、外资企业的竞争中处于相对弱势。

二、我国中小企业的发展形势

（一）国内外经济发展形势依然严峻

从外部环境看，全球经济增速放缓，2014~2019年全球经济增速均未能超过4%，仍处于深度调整期，经济增长动力不够，逆全球化趋势明显。2020年，新型冠状病毒疫情的蔓延对各国造成了巨大冲击，引起了全球性的经济下滑。中小企业发展面临的外部不稳定性和不确定性进一步增加。

从内部环境看，我国宏观经济面临较大的下行压力，经济增速放缓，从高速增长转为中高速增长；经济增长方式正从规模速度型粗放增长向质量效率型集约增长转变；经济增长动力也正从物质要素投入为主转向创新驱动为主。所有这些变化都需要较长时期的调整。

（二）中小企业自身面临较大的经营压力

我国的劳动、资本、土地等要素成本持续维持高位，中小企业面临招工难、用工贵，融资难、融资贵等困境。传统产业领域中的大多数中小企业处于产业链中低端，存在高耗低效、产能过剩、产品同质化严重等问题，企业的盈利能力依然较弱。

（三）中小企业发展也面临较多机遇

首先，为进一步深化改革，扩大开放，我国实行了一系列重大战略举措，包括推进新型工业化、城镇化、信息化、农业现代化、制定《中国制造2025》计划，实行"一带一路"开放战略，鼓励创新创业等。其次，中小企业的发展环境不断优化，通过深化商事制度改革，推进行政审批、投资审批、财税、金融等方面的改革，营商环境日益优化。最后，中小企业的发展空间也在扩大。以互联网为核心的信息技术与各行各业深度融合，日益增长的个性化、多样化需求，不断催生新产品、新业态、新市场和新模式，为中小企业的发展带来了更多的机遇。

三、我国中小企业的发展政策

2016年6月,工业和信息化部正式发布《促进中小企业发展规划(2016~2020年)》,从推进创业兴业,激发活力;提升创新能力,增强动力;推动转型升级,改善供给;拓展内外市场,开放发展;推进职能转变,改进服务共六个方面就如何促进中小企业发展进行了详尽的规划。

为促进中小企业发展,我国于2006年6月制定了《中华人民共和国中小企业促进法》(以下简称《促进法》),并于2017年9月进行了修行。新修订的促进法已于2018年1月1日正式施行。制定《促进法》的目的是为了改善中小企业经营环境,促进中小企业健康发展,扩大城乡就业,发挥中小企业在国民经济和社会发展中的重要作用。

根据《促进法》,政府会在财税支持、融资促进、创业扶持、创新支持、市场开拓、企业服务、企业权益保护等多个方面为中小企业的发展提供支付和服务(具体内容详见附录2《中华人民共和国中小企业促进法》)。

四、江苏中小企业的发展概况

江苏省的经济总量位居全国第二,中小企业数量全国领先,是我国中小企业发展最好的省份之一。

(一) 数量与规模

截至2018年底,江苏全省中小企业总数达到319万家,其中中小工业企业为61.2万家,占比19.2%;规模以上中小工业企业44 530家,占规模以上工业企业的97.5%,总数全国第一。服务业企业107.2万个,占比33.6%。私营企业户数累计达到286.8万个,私营企业集团达2 189个。

(二) 对全省经济的贡献

江苏中小企业对全省工业增长贡献率超过80%,贡献了80%以上新增就业人数。中小(民营)企业上缴税金占全省税务部门直接征收总额超过50%。2018年,江苏规模以上工业中小企业总产值同比增长7.9%,完成主营业务收入75 917.2亿元,占全省规模以上工业的59.3%,实现利润总额4 853.3亿元,占全省规模以上工业比重的57.2%。亏损企业个数为6 468个,亏损面为14.5%,低于全国的15.2%。

(三)行业分布

从八大行业的发展来看,2018年,机械、轻工、石化和纺织四大行业支撑作用显著,主营业务收入均超过7 000亿元,其中,机械行业主营业务收入3万亿元,石化行业主营业务收入1.2万亿元。四大行业的主营业务收入合计占规模以上中小工业的比重为76.1%。建材、冶金和医药行业主营业务收入增长较快,增幅均突破10%。

(四)发展趋势

1. 江苏中小企业创新能力不断增强。在江苏中小企业发展的过程中,要素资源不断向优势企业集聚的趋势日益明显,不少企业开始向着以"小而优""小而强"的方向发展,创新能力不断增强。中小企业专利申请量和授权量年均增长40%以上,创造了全省65%的发明专利、75%以上的企业技术创新和80%以上的新产品开发。全省科技型中小企业超过10万家。

2. 江苏省引导中小企业深耕主业,提升品质,走"专精特新"发展之路。截至2018年底,江苏省累计认定省级专精特新"小巨人"企业723家,获得国家工信部认定专精特新"小巨人"企业18家、单项冠军58家,大部分入库企业的主营业务收入、利润总额和研发投入总额增长超过20%。

3. 信息化发展趋势明显。江苏制定了《江苏省"互联网+小微企业"行动计划》《中小企业万家数字企业培育计划》等,鼓励中小企业信息化发展,推动互联网、大数据、人工智能与小微企业的深度融合。

第二章

企业调研的基本方法

在开展中小企业景气调研之前,需要对企业调研的方法有所了解。本章主要介绍以下几方面的内容:二手资料和一手资料的收集方法;抽样调研的常用方法;问卷的结构与设计方法。通过上述基本方法的学习,为开展中小企业景气调研打下理论基础。

第一节

调研的基本方法

一、二手资料的调研

（一）二手资料的概念与特点

二手资料，是指在开展某项调研之前已经存在的、并已为某种目的而编辑起来的资料。

由于是已经存在的既有资料，所以二手资料的优点是收集起来比较简单、收集速度较快、收集时所需耗费的人力或资金成本相对较低。

但是必须注意的是，二手资料本身也存在一定的缺陷。第一，每一项调研活动都有明确的问题和特定的目的，并不是所有的问题都可以找到现成的二手资料；第二，二手资料可能由于自身收集方法上的问题导致数据不一定准确；第三，二手资料可能缺乏与特定调研问题的相关性；第四，随着时间的推移，客观事物发生变化，导致二手资料可能缺乏时效性。

（二）二手资料的来源

二手资料的来源广泛。企业内部的诸如进货单、发货单、销售记录等业务资料，生产、销售、库存等统计报表，以及财务报表等都是我们可以利用的企业内部二手资料。

除此之外，政府机构和国际组织公布的统计调查报告，各种经济信息中心、专业咨询机构、专业调查机构、行业协会等提供的报告，新闻媒体和互联网信息资料，图书馆馆藏资料，专业交流会议发放的材料等，都是广泛可用的二手资料来源。

（三）二手资料的收集方法

对于不同来源的二手资料，我们可以采用不同的收集方法。图书馆或档案馆馆藏资料、互联网资料等，可以采用直接查找的方法进行所需资料的收集。各级政府机构的相关统计报告可以尝试通过索要的方式获取，而专业咨询机构或调查机构的报告则更多需要付费购买。另外，还可以通过与其他单位之间进行对等的信息交换、接收专业交流会发放的材料等方法来收集二手资料。

二、一手资料的调研

（一）一手资料的概念与特点

一手资料，也称原始资料，是指由调研人员自己对信息进行收集和整理而获得的资料。

围绕特定的调研目的进行调研，能够有针对性地进行资料的收集，并且能确保所收集资料的时效性，这是一手资料的优点所在。但是相比于二手资料，一手资料的缺点在于资料的收集过程操作比较复杂、耗费的时间较长、成本较高。

（二）一手资料的收集方法

实践中收集一手资料的常用方法主要有访问法、观察法和实验法。

1. 访问法

访问法是最常用的收集一手资料的方法，是指由调研人员根据事先设计好的调查项目以某种方法向被访者提出问题，要求其给予回答，由此获取资料。从具体的应用方式上，访问法又可以分为人员面访、邮寄访问、电话访问、留置问卷访问、网上调查等不同方式。

（1）人员面访

人员面访是指调研人员直接面对面向被访者询问以获取相关信息资料。

采用人员面访的方式进行资料收集具有比较明显的优点。调研人员在面对面调研的过程中,可以根据实际情况进行适度调整,灵活性比较强;在完成基本资料收集的前提下,调研人员可以围绕调研过程中出现的新问题或者感兴趣的问题进行追问和深度访谈;在回收率方面,人员面访的方式也比其他方式的回收率要高。所以相比于其他调研方式,人员面访的调研质量还是比较高的。

人员面访存在的主要问题有以下几点:调研人员需要与所有的调研对象面对面才能完成调研,由此造成调研持续的周期较长,且耗费较多的人力和财力;面对面的方式也使得人员面访的匿名性很差;更重要的是,由于需要面对面沟通,所以人员面访对调研人员的素质提出了较高的要求。

(2) 邮寄访问

邮寄访问是指调查者将事先设计好的问卷通过邮寄的方式送达被调查者手中,请其按要求和规定时间填写问卷并寄回。邮寄访问的优点是操作方便,可以节省人力,费用比较低,而且被调查者在填写问卷的过程中不会受到调查者的干扰。

邮寄访问方式存在的主要问题有:信息反馈的时间比较长;问卷回收率比较低;另外由于调研人员无法控制问卷填写的过程,影响调研的真实性和准确性。

(3) 电话访问

电话访问是指调查者通过电话与选定的被调查者交谈以获取资料。其速度快、成本低,但是拒答率高,而且不便于深度调查或全面调查。

(4) 留置问卷访问

留置问卷访问是指调查人员将问卷当面交给被访者,并向其说明意图和要求,由被访者自行填写,再由调查人员按约定时间取回问卷。

留置问卷访问的方式可以使被访者有充裕的时间回答问卷,问卷回收率较高,而且在被访者问卷填写过程中可避免调查人员的干扰。但是该方式中,调查人员需要先后访问两次,耗时较长,且在一定程度上对调研的地域范围有所限制。

(5) 网上调查

网上调查是指借助于互联网实现信息收集,如通过 Email 问卷、专门的网络调研系统等。网上调查优势明显,其采用电子问卷,费用低廉;并且问卷的发放和回收不受时空限制,可以快速发放问卷、实时回收。但问题在于,并非所有被访者都有上网习惯,而且网络安全性还有待提高。

访问法的上述五种方式的比较如表2-1所示。

表2-1 访问法五种方式的比较

比较的维度	人员面访	邮寄访问	电话访问	留置问卷	网上调查
调查范围	较窄	广	较窄	窄	很广
收集复杂信息	强	中	弱	较强	中
回收率	高	低	较低	高	一般
信息可信度	高	一般	较低	较高	一般
投入人力	较多	少	较少	较多	少
调查费用	高	较低	较低	较高	低
调查时间	较长	长	较短	较长	短
对调查员要求	高	低	一般	一般	低

2. 观察法

观察法是指调查者在现场直接观察和记录以获取信息资料。观察法的主要优点是通过直接观察获取的信息相对比较客观、可靠,并且该方法适用范围较广泛,可以作为访问法的有效补充。

但是需要注意的是,观察法所获取的往往是表面现象的相关资料,而且对观察者的观察能力有较高的要求。

3. 实验法

实验法是指实验者有目的、有意识地通过改变或控制一个或几个影响因素来观察现象的变动情况。由于在企业调研中不适用实验法,故本书对实验法不再详细介绍。

第二节

抽样调研

一、抽样调研的基本概念

（一）抽样调研

抽样调研是一种专门组织的非全面调查，是按照一定方式，从调研总体中抽选出一部分单位作为样本进行调查，并根据所得的结果推断总体情况和特征。

这里有两个相关概念：总体和样本。总体是指符合调研目标的调研对象的全体。如果是对符合调研目标的调研对象的全体进行调研，则为全面调查，其历时长且成本高。而样本是指在抽样调查时被抽取的调研对象，是总体的一部分。

（二）总体指标与抽样指标

在抽样调研中，我们一般用抽样指标来推断总体指标。总体指标是指根据调研总体各个个体指标值计算的综合指标，比如总体平均数、总体方差等。抽样指标是指根据样本各个标志值计算的综合指标，比如抽样平均数、抽样方差等。

二、抽样方法

抽样调研中，根据总体中每一个个体单位是否都被给予平等的抽取机会，可以将抽样方法分为随机抽样和非随机抽样两大类。

(一) 随机抽样

随机抽样也称为概率抽样,是对总体中每一个个体单位都给予平等的抽取机会的抽样技术。

随机抽样排除了人为的干扰,抽取的样本代表性较高;同时,我们可通过概率推算抽样误差,计算调研结果的可靠程度。但是另一方面,相对于非随机抽样而言,随机抽样的抽样范围比较广,耗时较长,所需耗费的人力和财力也较多;而且随机抽样需要具有专业技术的专业人员进行抽样。

随机抽样主要有 4 种具体的抽样方法,包括简单随机抽样、系统随机抽样、分层随机抽样和整群随机抽样,下面将依次介绍。

1. 简单随机抽样

简单随机抽样是抽样技术中最简单、最完全的随机抽样,一般应用于调研总体中各个个体之间差异程度较小的情况,或者调研对象难以分组、分类的情况。在具体操作中可以采用抽签法或随机数表法。

(1) 抽签法:先将调研总体的每个个体编上号码,将号码写在卡片上,任意从中抽选,直到抽足所需的样本数目。

(2) 随机数表法:将总体中的全部个体分别标上 1~N 个号码,然后利用随机数表随机抽取所需样本。比如利用 Excel 中的 rand( ) 函数产生随机数。

2. 系统随机抽样

系统随机抽样也称等距随机抽样,先将调研总体的各个个体按一定标志排列起来,然后按照一定顺序和一定间隔来抽取样本个体。

举个例子,假设我们要采用系统随机抽样法从某地区的 100 家企业中抽取 10 个样本进行调查,可以按照如下步骤进行抽样。第一步,采用随机的方式将总体中的所有个体编号:1,2,3,…,100;第二步,计算抽样间隔:总体数(N)/样本数(n)=100/10=10,抽样距离为 10;第三步,用简单随机抽样法在抽样距离内(1 至 10)确定起始编号,假设抽中 3;第四步,根据起始号和抽样间隔确定 10 个应抽取的个体,最终抽取的编号分别为:3,3+10,3+20,3+30,…,3+90,即 3,13,23,33,…,93,共 10 家企业组成样本。

3. 分层随机抽样

分层随机抽样是将总体各单位先按照与我们关心的对象特征标识相关的标志进行分组(层),然后在各组(层)中采用简单随机抽样或系统随机抽样方法,确定所要抽取的单位。分层随机抽样一般比简单随机抽样或系统随机抽样更精确,样本的代表性更强。

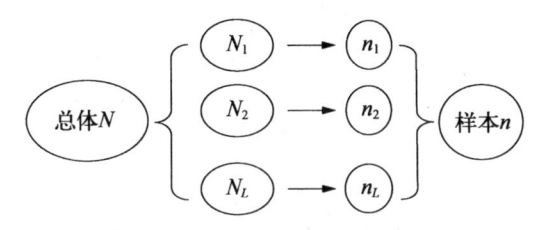

图2-1 分层随机抽样图示

举个例子:某地区拥有的企业总数为1 000家,其中,大型企业10家,中型企业150家,小型企业400家,微型企业440家。现拟对100家企业进行抽样调查,如采用等比例分层随机抽样(各层样本数占总样本数的比例与各层总体数占全部总体的比例相等),那么,大型、中型、小型、微型企业的样本容量分别为多少?

大型、中型、小型、微型企业的样本容量如表2-2所示。

表2-2 各层样本容量分布表

企业规模分层	企业数	所占比例	各层样本容量
大型	10	1%	1
中型	150	15%	15
小型	400	40%	40
微型	440	44%	44
总计	1 000	100%	100

4. 整群随机抽样

整群随机抽样是指当总体的所在基本单位自然组合为或被划分为若干个群后,从中随机抽取部分群并对抽中群内全部或部分单位进行调查。因为以群为单位进行抽选,抽选单位比较集中,影响样本分布的均匀性,当各群之间差异比较小的时候适用。

（二）非随机抽样

非随机抽样也称为非概率抽样，是指在抽样时按照一定的主观标准来抽取样本，总体中的每个单位不具有被平等抽取的机会。

非随机抽样可以充分利用已知资料选择典型的样本，从而可以缩小抽样范围，节约时间、人员和费用，操作方便，易于实施。但是另一方面，非随机抽样无法判断误差和检查调研结果的准确性，也可能会导致过分强调研究对象的个体特征。

非随机抽样主要有4种具体的抽样方法，包括便利抽样、判断抽样、配额抽样和滚雪球抽样。

便利抽样，又称方便抽样、偶遇抽样，根据调查者的方便与否来抽取样本，比如商场拦截式访问。一般用于正式调研之前的探索性调研。

判断抽样，也称目的抽样，凭借调研人员的主观意愿、经验和知识，从总体中选择具有典型代表性的样本作为调查对象。

配额抽样，是指先将总体中的所有单位按一定的标准分为若干层(组)，然后在每个层(组)中按一定比例用便利抽样或判断抽样的方法选取样本单位。所谓配额，是指对划分出来的各种类型的子总体分配一定数量的样本。

滚雪球抽样，也称推荐抽样，当总体单位数不多且分布很分散时，先设法找到一名符合条件的受访者，对其进行访问后，再请其推荐或介绍其他符合条件的对象。

第三节

问卷调研的基本方法

一、问卷的功能与基本原则

问卷是一手资料收集过程中的重要工具,它的主要功能是把研究目标转化为特定的问题,在一定程度上使要研究的问题和答案范围标准化,从而有助于争取和鼓励被调查者的合作,同时问卷也作为调研的原始记录而保存。

为了使问卷的功能得到充分发挥,在进行问卷设计时要遵循一些基本原则:

1. 能满足调研目标的要求,提供必需的信息;
2. 便于调研人员的调研工作;
3. 便于应答者回答;
4. 便于问卷结果的处理。

二、问卷的基本结构

一般地,问卷的基本结构包括问卷标题、基本说明、问卷主体、被访者项目、调查者项目、结束语、编码等。

1. 问卷标题:问卷的标题需要反映特定的研究主题,以引起应答者的兴趣。
2. 基本说明:一般在问卷开头,向被调查者说明调研的目的、意义、内容,填写问卷的要求和注意事项,保密措施,调查者的身份和表示感谢等。
3. 问卷主体:这是调查问卷的核心部分,由各种形式的问题和答案及其指导语组成。
4. 被访者项目:是有关被调查者的背景资料。如企业名称、地址、所有制性质、职工人数等;又如性别、年龄、职业、收入、教育程度等人口统计特征。

  5. 调查者项目:包括调查人员的姓名、调查地点、调查日期等,以便于明确责任和查询核实。

  6. 结束语:也称致谢语,在问卷最后简短地对被调查者的合作表示感谢。

  7. 编码:是对调查问卷中每个问题及备选答案给予统一设计的代码,编码不需要显示在问卷中,但问卷设计者需要预先设计,以方便后期的问卷录入与统计汇总。

三、问题设计

  根据设计问卷时是否给问题提供了备选答案,我们将问卷中的问题分为封闭式问题和开放式问题。

(一) 封闭式问题

  封闭式问题是指设计调查问题时同时设计了各种可能的答案,让被调查者从中选择。封闭式问题的优点很明显,通过提供备选答案,有利于被调查者回答,也可避免无关答案的出现,从而使得答案标准化程度高,便于整理分析。

  但是封闭式问题可能由于限定了备选答案而使被调查者无从选择,也可能因为答案的有限性而遗漏重要信息,不利于收集较深层次的资料。

  常见的封闭式问题的提问方式主要有以下几种:

  1. 是否法:提出的问题仅有性质相反的两种答案可选,如是或否、有或无等。

  2. 多项选择法:提出的问题有两个以上的答案,被调查者可选择其中一项或多项作为回答。

  3. 顺位法:对一个问题列出多个回答项,要求被调查者根据自己认为的重要性程度对其进行排序。

  4. 一对一比较法:把不同调查项目配对,让被调查者一一比较选择。

  5. 双向列联法:将两类或多类不同问题综合在一起,以简化和节省问卷篇幅,通常为表格形式。

  6. 矩阵法:将同类问题及几组答案集中呈现为表格式矩阵形式,以简化和节省问卷篇幅。

（二）开放式问题

开放式问题是指在设计调查问题时，不设计答案，而是由被调查者根据自己的想法自由作答。开放式问题的优点是比较灵活，对答案没有限制，有利于得到较深入的观点或是意外的信息资料。其缺点在于答案标准化程度低，调研结果的整理分析相对比较困难。

常见的开放式问题的提问方式主要有以下几种：

1. 自由回答法：由被调查者根据问题自由申述意见，对其回答不作任何限制。

2. 词语联想法：将按照调查目的选择的一组字词展示给被调查者，由其立刻回答看到词语后联想到什么。

四、问卷设计的注意事项

在进行问卷设计时，在措辞、编排、版面布局等方面需要注意一些问题。

1. 关于问题及其措辞

首先，问题要简洁明了。避免冗长复杂的语句；提问尽量具体，避免笼统的问题；避免使用否定句或反义疑问句。

其次，措辞要确切、通俗。尽量避免使用专业化术语、俚语或行话；避免使用无明确界定的词语、有歧义的词语。

另外，要避免双重或多重主题的问题，也要避免诱导性提问。

2. 关于问题的编排

在问题编排时，要注意前后的逻辑性，同时注意应该先易后难，敏感性问题宜放于问卷最后。

3. 关于问卷的版面布局

问卷的排版不能过紧、过密，字符间距和行间距要适当；可适当通过变换字体和字号来美化版面；开放式问题要留足空格；同时一个问题最好不要跨页编排。

第三章

调研中的沟通方法与技巧

本章节包含三大块内容,包括沟通的基本内容、沟通方法以及调研中的沟通技巧。通过本章内容的学习,将会了解到沟通的含义与概念、沟通的主要工具、基本方法以及习得如何在暑期实践调研中进行高效沟通的基本技能。

第一节

沟通的基本内容

沟通是我们人类的日常基本活动,是处理和解决生存和社交等任务的基础工具。在我们的日常管理活动中,沟通也是具有极其重要的意义。著名的管理学大师彼得德鲁克曾经说过一句非常经典的话:"管理者必须学习语言,了解如何遣词造句。最重要的是,他们应对语言表示尊重,视语言为最宝贵的天赋和资产。"

一、沟通的基本概念

人类生活的方方面面都需要沟通,沟通需要语言,但不完全是语言,还有我们在日常沟通中会用到的肢体语言、表情、仪表仪态以及书面语言等多种形式。

沟通是一种过程,是沟通主体将信息传送给沟通客体的过程。通过这个过程,沟通需要完成某种具有策略性的目的。故沟通可以看成是为了完成某种目标,解决某种问题而进行的在沟通主客体之间信息传递与共享的动态过程。

二、沟通的基本要素

一个完整的沟通包含如下几个因素:沟通主体、沟通客体、沟通渠道、沟通反馈和沟通噪音。如图 3-1 所示:

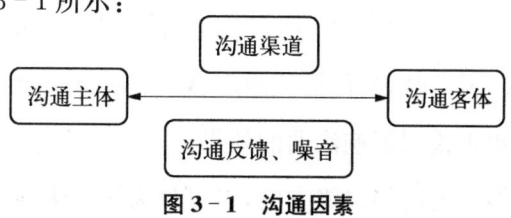

图 3-1 沟通因素

1. 沟通主体：沟通的发送者。沟通的目的起源于沟通的发送者。沟通产生于信息的发送者。沟通主体通过沟通的渠道将自己想要达到的沟通目的进行编码，之后以各种信息载体的形式传递给沟通客体。

2. 沟通客体：沟通的接受者。信息的被动接收端或者主动接收端。客体接收沟通主体发来的信息，对信息进行解码、理解信息，之后将意见再次编码并反馈给沟通主体。

3. 沟通渠道：沟通的主体和客体选择用来传递信息的媒介或者方式。包括口头说明、文字、网络渠道（包含微信、QQ、微博等）、电话、电子邮件、电话会议、视频会议、黑板、大字报等。

4. 沟通反馈：沟通客体接受信息后的反应。反馈可以揭示出沟通效果。

5. 沟通噪音：沟通主客体之间信息的交换需要经历信息的编码、解码的过程，在此过程中，编码和解码都有可能受外界因素和主客体主观因素的干扰，从而形成沟通障碍。影响并形成沟通障碍的因素被称为沟通噪音。沟通噪音可能来源于主观因素或者客观环境因素。后续章节将会详细介绍。

三、沟通的种类

沟通的种类繁多，基于沟通本身的复杂特性以及环境的多变性，沟通可以按照不同的标准来划分，这里我们列出主要的一些沟通分类：

1. 按照组织章程的规范程度，可以分为正式沟通与非正式沟通。

（1）正式沟通。在某些组织内部按照组织的规章制度所执行的沟通，被称之为正式沟通。例如在某些企业内部的正式公文、邮件、上下级的命令等。正式沟通受制于各种制度，信息传递需要符合规定，具有较强的效力。但是效率一定程度上较为低下，缺乏灵活性。

（2）非正式沟通。在正式沟通之外的沟通可以统称为非正式沟通。非正式沟通没有上下级的约束，灵活性强、传播范围广、效率高，但是容易出现信息失真的情况，信息容易衰减并出现错误影响沟通的效果。

2. 按照沟通主客体之间的层级方向，可以分为向下沟通、向上沟通、同向沟通和斜向沟通。

（1）向下沟通。组织内部上级向下级的沟通，可以是口头的和书面的。

（2）向上沟通。组织内部下级向上级的沟通。

（3）同向沟通。组织内部同一个层次的人员进行的沟通。

（4）斜向沟通。组织内部不同层级的但隶属于不同部门人员的沟通。

3. 按照使用频率的不同分为语言沟通和非语言沟通。

（1）语言沟通。依托语言为载体的沟通，包括口头沟通、书面沟通和数字沟通。口头沟通包括传达、面谈、报告、会议、讨论和演讲。书面沟通包括文件、告示、通知、刊物、书面报告。数字沟通包括电子邮件、微信微博等即时通信工具以及各种互联网的形式。

（2）非语言沟通。包括说话的速率、停顿、节奏、眼神、肢体语言、说明性动作和仪容仪态等。

第二节

沟通方法

有效的沟通方法习得有助于提升沟通效果和沟通效率,特别在中国式管理的讨论范畴之内,我们的沟通习俗和沟通礼仪有着独自的特点,了解并深入理解我们的沟通范式和方法对于调研的成败至关重要。

一、有效沟通的本质是策略性沟通

前述章节说明过沟通的意义,沟通之于人类的重要性显而易见。我们不能忽略沟通的效果,一句漫无目的的"天气真好"起不到任何的效果,对于听到这句话的沟通客体也无法解码这句话的真正含义。一言以蔽之:有效的沟通必须是策略性沟通。

有效的沟通是要达到一定的目的的,只有存在目的的沟通才能被称为有效的沟通。目的的存在是有效沟通存在的意义。沟通的客体才能够缩小解码范围,更为高效的理解沟通主体的目的。

我们可以参考彼得德鲁克有效沟通的四大原则:

原则一:受众能够感觉到沟通的信息内涵。这要求我们的沟通内容必须要简洁明了并且容易理解。

原则二:沟通是一种受众期望的满足。人们习惯于听取他们想听的,而对不熟悉的和威胁性的内容有排斥情绪。我们需要把握住每一个问卷被调研企业的期望。

原则三:沟通能激发听众的需要(广告、鸡汤)。正所谓有的放矢,要揣摩受众即沟通客体的需求,投其所好也是一种高效的方法。

原则四:所提供的信息必须要有价值。没有价值的信息没有存在的必要。此原则也符合策略性沟通的基本原则。

二、了解中国式沟通的基石"信任"

中国式的沟通有着自身独有的特征和方法,需要仔细考量高效沟通背后的深层逻辑。几千年来,家家国国、父父子子、层级制、服从执行等儒家思维模式极大地影响到了我们的管理模式和沟通模式。我们的沟通方式取决于中国式关系的底层代码——中国人的人伦关系。这种人伦关系的核心是信任。

我们在和自己的家人、亲友、同学、同事面前能说的话,大概率不能同陌生人去说。亲疏远近有别。关系的深浅、关系的好坏都决定了哪些话能说,哪些话不能说。这要求我们在平时的生活中多加练习说话的技能,目的是为了提升自己对于沟通客体的"信任度"。多加磨炼、养成小心应对、虚心检讨、用心体会的好习惯。不能想说什么就说什么,爱说什么就说什么,要多加顾及受众的感受。

暑期调研的每一个被调研企业,接待我们的可能是公司老板、总经理、高层管理人员、中层管理人员等。本质上都是陌生人,如何和陌生人开展高效沟通的本质是想方设法提升我们同学之于被调研者的信任度,让他们信任我们。有一个好的建议是,通过不同的沟通方式让被调研企业的负责人相信我们对他们的调研是能够在某种程度上帮助到他们的,我们每年的调研数据、景气指数的核心部分每年都会发布,而且已经形成了多年的连贯数据,这些数据可以帮助到企业的战略调整和日常运营管理的某些方面。通过这些内容的沟通,可以快速让被调研企业了解到调研的价值。

三、避免产生并消除沟通障碍

一般来说,沟通障碍包括个人主观障碍和客观环境障碍。个人主观障碍来源于个人的文化、价值观等意识层面;教育层次、学识、地位等阶层层面心理和情绪层面;个体客观因素层面。客观环境障碍包括文化背景、风俗习惯差异;沟通发生的不适宜场所；信息传递媒介的物理性障碍；模棱两可的语言；难以辨认的字迹。

消除沟通障碍的方法可以从如下几个方面展开：

首先，尽可能消除客观环境障碍，避免出现较大的文化隔阂，说明风俗习惯等差异，获得沟通双方的理解。不采用噪音较大的沟通方式，尽可能面对面说明问题。使用普通话，尽量减少方言。

其次，消除个人主观障碍。了解自己的声音、音量与语调、语速、重音等，分析自己的长处和不足。培养自信心，树立良好的心态，保持好的心态和情绪。正确的表达自己。

1. 学会倾听

国际倾听协会对倾听的定义：倾听是接受口头及非语言信息、确定其含义并对此做出反应的过程。倾听和听有着本质区别。听是一种生理功能，是被动性或者主动性的，不一定有信息的解码或接受。而倾听是接受声音、分析信息、解码信息的行为，是主动的，有强烈的主观意识。

从生理学的角度看，倾听对我们的感官要求较高。耳朵听，眼睛观察，大脑思考并反应。需要我们集中注意力。倾听者必须要对说话者表示出认可，例如微微点头表示赞同等细微的动作表达感情，这样能够让沟通主体更加充分的表达出自己的沟通目的，提升沟通效果。

倾听的过程一般包括如下几个阶段：倾听计划、解码信息、理解信息、记忆重点信息，反馈意见。学会倾听必须全神贯注，避免思维定式。

2. 注重非语言沟通

除了语言沟通之外的所有沟通形式都是非语言沟通，在日常的生活和工作中，并非所有的沟通都需要通过语言这个载体，有的时候，非语言的沟通能够表达的效果更胜语言沟通，一个眼神，一个动作，甚至一个手势，都有可能胜过千言万语。因而我们必须要重视非语言沟通的方法和技巧。

非语言沟通的基石是文化，了解中国人的非语言沟通形式就要很好的了解中国的文化以及不同文化之间的差别。中国文化博大精深，中国的文化也有很多不同的分类，不同省份、城市都会有很多文化上的差别，这也给我们理解非语言沟通带来一定的困难。

  非语言沟通包含辅助性语言、肢体语言、面部表情、空间距离等形式。辅助性语言中,说话的速率一般在 120~260 字/分钟,过快的语速会让信息接受者感觉到很大压力,这是一种具有"侵略性"的非语言沟通;语速过慢往往会让人觉得昏昏欲睡。语速要保持在一个中速的水平。说话的音量也同样如此,过小和过大都会来带很多的沟通障碍,降低沟通效果。肢体语言在沟通中使用的频率也比较高,我们需要了解点头、摇头、手势比画、手臂、身体接触的内在含义。面部表情包括眼神、目光接触、眉毛的动作、如何保持微笑。

第三节

调研中的沟通技巧

本章节的重点围绕调研中的沟通技巧展开,虽然重点名为"技巧",但实际的操作技能和每位同学在过往生活中的经历以及经验有着密不可分的关联。技巧的习得其背后一定和平时的重视程度以及是否经常练习有直接的关系。平时非常注重人际沟通的同学一定在这方面有着天然优势。在这个方面做得不好的同学也大可不必灰心丧气,在本章节的教学内容学习之后,平日里多加练习和情景模拟,一定可以很快提升沟通方面的能力和水平。

一、调研沟通计划的准备

凡事预则立,不预则废。良好的计划是调研成功的先决条件。万事开头难,要想调研取得好的效果,就一定要制定有针对性的调研沟通计划。我们的调研不仅仅是发一份问卷,而是要在问卷的基础之上更加深入了解企业的实际问题,选择角度切入企业运营的核心,形成调查研究的方向,提出高质量的调研问题。

一份全面完善的调研沟通计划包括如下几个方面:

1. **了解宏观经济背景**

在做调研之前,需要了解到我们目前的宏观经济情况。经济因素包括国民生产总值国内生产总值、消费量、消费模式、社会消费品零售总额、不同地区消费群体收入差别、税率、投资量、储蓄率、货币存量、政府预算、失业率、通货膨胀率、利率、贷款易得性、汇率、股票市场趋势等,特别是近一年中国的主要经济数据。

2. **分析被调研企业所属行业、企业发展历程、企业规模、市场竞争状况**

通过各种可能的途径了解企业的基本情况,企业的发展历程,目前在行业中的地位,目前的销量、销售额、净利润、净利润率、净资产收益率、市场份额、利润份额,主要的竞争对手有哪些,企业所属行业的上游和下游的产业链情况、潜在新进入者的威胁分析以及潜在的替代产品。

实例:以江阴市恒亮纺织为例(被调研企业)

该企业属于江阴市的外贸纺织企业,由点及面,从地区层面、行业层面、企业层面三个角度进行分析。

地区层面: 江阴市外贸现状,在2000年国家推行"走出去"战略与2001年中国成功"入世"后,我国成为第二大经济体,第一大贸易国,第一大外资吸引国,第二大对外投资国,我国外贸行业迅速发展。目前我国处在全球制造业的第三梯队,属于中低端制造领域。江阴民营外贸企业由于规模、技术、创新等因素限制,多从事以加工贸易为特征的再出口业务,从而获得以外汇体现的附加价值,这也带来了企业的产品技术水平低,同质化严重的问题。2019年上半年,江阴对"一带一路"沿线国家进出口37.19亿美元,增长12.5%,高出全市平均增幅10.1个百分点,占江阴外贸总额的31.95%;对新兴市场出口增势良好,对东盟、拉美、非洲出口分别增长19.7%、52.4%、8.2%。

行业层面: 江阴民营外贸纺织企业所面临的难题也正是江阴众多民营外贸企业的劣势所在。用人成本逐年上升,同时劳动力的需求得不到满足;中美贸易战下,一方面我国对进口美国棉花等纺织原料、染化料助剂等加征关税,另一方面美国对我国纺织类出口产品增收关税,两头关税的增加及人民币的贬值,大大增加了民营外贸纺织企业的成本,经营压力加重;企业缺乏一定的国际竞争力,且产品易替代、可复制,在贸易摩擦的影响下,国外客户的订单转移,企业订单数量减少,导致民营外贸纺织企业出口产品的滞销和生产能力的过剩,企业经济效益下滑。

企业层面: 恒亮纺织秉持专注、专业生产针织牛仔布的发展理念,在发展初期,其就将重心放在了产品研发上。2019年,恒亮纺织依旧坚持创新引领发展,通过研究棉经编产品,打破人们传统的消费主张和习惯,促进针织面料发展。恒亮纺织与江南大学联合建立"针织牛仔工程技术研究中心",广泛与江阴市职业技术学院、常州纺织服装学院等高校建立长期合作研发关系,注重产学研合作;恒亮纺织密切地同上下游企业进行技术合作与交流，充分了解上下游企业的动向与需求，完善新产品开发和技术创新工作，不断对现有制度、流程等进行完善加强。强大的研发能力贯穿生产全流程，形成其核心竞争力。

3. 录音笔、笔记本、笔记本电脑等设备准备

良好的设备能够助力取得优秀的沟通效果。在被调研者同意的情况下，我们可以对调研的过程进行全程录音。一般而言，手机的录音功能基本能满足调研需求，如果条件允许的话，录音笔这样的数码设备会更加清晰地记录调研细节。

与此同时，通过纸质笔记本或者笔记本电脑记录问答中的关键信息。这些设备的使用一方面提升沟通效果和效率，另一方面也会给被调研者带来对调研者准备充分的直观印象，加深彼此信任，让沟通更加深入。

4. 衣着

如何着装必须要考虑季节问题，暑期调研基本都在7、8月份，天气炎热，着正装难度较大。着装的要求以简洁大方为主，这样对于被调研者来说也是一种尊重。切忌穿着随意。

5. 准备自我介绍

和企业负责人沟通之前，准备一个简短、不超过1分钟的自我介绍，主要的内容包括我们的身份、调研的目的、我们调研能够给企业带来的价值。

二、调研沟通过程中的计划执行

见到企业负责人或者相关工作人员后，进行自我介绍，表明来意，准备好相关设备，开始调研。在上述步骤中，如果制定了完善的调研沟通计划，沟通的执行将会水到渠成。重点在两个方面：其一是正式的问卷填写；其二是提出符合该企业实际情况的有针对性的问题。

调研中，注意倾听。完整的接受全部信息，正确的理解信息，给予适当性的反

馈,正确理解被调研者的一些肢体动作,例如遇到比较难回答问题的时候的一些抗拒性的肢体语言等。

三、调研沟通后的持续跟踪

调研结束之后,应该征询被调研的意见,看是否能够留下联系方式,微信、微博、QQ、邮箱这些联系方式都能够方便我们日后的沟通。每一年我们的景气指数都会定时发布,我们可以将这些公开的数据发给企业。同时,搜集这些调研企业的联系信息也会方便我们构建稳定的样本数据库,为后续的学弟学妹们的调研提供便利。

第四章

中小企业景气指数的问卷调研及指数计算方法

本章具体介绍中小企业景气调研的操作规则,包括填表规则、编码规则、数据录入规则等,旨在提高数据质量;并且详细介绍了景气指数计算的基本方法,为进一步分析企业景气状况打下基础。

第一节

中小企业景气指数的问卷调研

一、景气调研与景气指数的作用

宏观经济景气指数与监测是目前研究宏观经济运行状况的重要方法,由于其与 GDP 的增长方向基本一致,且为合成指数,具有多层次、多方面的结构特征,可以很好地避免单一指标的片面性,从宏观的角度综合地反映经济运行状况与经济增长的变化趋势,对企业、居民、投资者和政府都有非常重要的作用。景气指数是在大量统计指标的基础上,筛选出具有代表性的指标构成经济监测指标体系,来描述宏观经济的运行状况并预测未来的发展趋势。从指数的构成属性来看,景气指数的动态性体现在其以相对变动的形式来反映经济运行,因而可以直接通过指数变动趋势来判断经济的变动方向[郑京平,2013]。

保证整体经济平稳、有序运行是宏观经济调控的终极目标。当宏观经济处于上升通道时,是否应该预防经济过热;当经济出现回调时又应该采取怎样的措施来防止经济下滑,这是宏观经济调控的内涵。经济景气方法已经有 100 多年的历史,经济景气监测的实践成果逐渐成为各国政府制定经济政策的重要依据。由于经济运行在客观上存在着周期性波动,并且能够通过一些指标率先暴露或反映出来,因此,利用景气指数进行经济分析,就是用经济变量之间的时差关系指示景气动向,以景气监测指标体系来反映经济的波动状况。

景气指数方法是一种指数体系,能够更全面、适时地反映经济运行状况,已经成为当今宏观经济决策的重要依据。我国从 20 世纪 80 年代开始研究建立景气指标体系,形成了适合我国经济体制的监测制度与指标体系,并且在不断地修正、完善。与单纯地将 GDP 作为经济运行状况监测不同,景气指数涉及宏观经济活动的各类经济要素,按照其对景气变动敏感或有代表性的指标,分解为先行、一致、滞后的综合指数,构成景气指数体系,以此作为观测宏观经济景气的综合尺度[郑京平,2013]。

GDP虽然也是一个指标体系,但它将生产、消费、投资、财政、就业等方面的指标都合成在一个数据中,虽然使用GDP能够直观、清晰地反映经济运行,但是由于各类指标之间的相互作用,各项指标之间可能产生波动叠加,平滑了一些指标的波动情况,掩盖一些经济波动的特征,使它缺乏适时反映经济波动的属性。而景气指数体系将各类经济指标分解,使其具备了从多个不同的角度反映经济运行状况的属性。因此,采取景气指数方法更有利于探寻经济运行的内在规律,适时、有针对性地反映宏观经济运行状况。

景气指数的取值通常会在一个区间,并有一个临界值。当景气指数大于临界值时,表明经济状况趋于上升或改善,处于景气状态,越接近区间最高值状态越好;当景气指数小于临界值时,表明经济状况趋于下降或恶化,处于不景气状态,越接近区间最低值状态越差。

国家统计局中国经济景气监测中心负责经济景气发展态势监测、信息发布及配送科学研究。其中,定期发布的流通领域重要生产资料市场价格变动情况,通过出厂价格、流通费用、利润和税费等要素,综合、系统地反映企业经营状况。此外,PMI、PPI等也都从不同的角度来反映经济运行状况。

二、中小企业景气调研的特点与操作规则

中小企业景气调研是一项综合、规范的调研,从指标设计、编码规则、调研方法、指数计算等都借鉴了国家统计局现行的指标解释原则与操作方法,调研问卷在统计局现行的"企业一套表"的基础上,进行了完善、扩展。在制度设置上,以国民经济行业为依据划分统计对象,调研样本侧重于中小企业。在调研内容上,涵盖了社会经济活动的各项要素,涉及单位基本情况、生产经营情况、财务状况、劳动工资、能源和水消费、固定资产投资、科技统计等方面。调研问卷涉及企业基本情况和企业的高层管理者对问卷上指标的主观评价。

（一）样本设置与样本量

中小企业景气调研侧重于了解中小企业的运行状况，从以往的样本构成来看，小型企业约占样本的50%，微型企业约占35%，其他为大中型企业，显示出调研中小企业的特征显著。虽然在社会经济结构中，微型企业的数量更加庞大，但微型企业的经济影响力有限。因此，调研时更加倾向于收集小型企业的运营信息。

中小企业景气调研采取抽样调研方式进行，这是一种非全面调研，它是从全部调研对象中，抽选一部分单位进行调研，并据以对全部调研对象做出估计和推断的一种调研方法。虽然是非全面调研，但中小企业景气调研的目的是探寻中小企业的运营状况，侧重于通过有效的信息收集来发现中小企业运营中存在的现象、特征，而并不需要对总体信息做出估计、推断及误差控制。抽样方法采取多阶段抽样法，其优点在于适用于调研面比较广、总体范围大、操作简单、可以相对节省调研费用和时间，能够收集到企业经营的重要信息。但也存在着无法进行样本估计、推算总体等缺陷。

目前，中小企业景气调研局限在江苏省，采用多阶段抽样方法，调研样本以江苏省内的企业为对象。中小企业景气调研多阶段抽样分三个阶段：

第一阶段：采用分层抽样的方法。将江苏省13个地级市作为"层"。由于江苏省13个地级市具有"互不交叉、互不重复、区域边界明显"的特征，以此分类是可行的，可以保证样本能够在地级市的层面上全覆盖。在操作方面，每个地级市配备了多名指导教师，这些教师通常都有多次进行中小企业景气调研的经验。在层级样本数量方面也给予了明确的设定，以保证对样本层级能够具备基本的代表性。

第二阶段：采用类整群抽样的方法。首先将总体中各单位归并成若干个互不交叉、互不重复的集合，我们称之为群。在景气调研的实际操作中，即以每个调研员的调研总量为单位，作为一个群，通常每个调研者应承担10～20份问卷。由于调研员通常由在校学生担任，在操作方法上基本类似，具有整群抽样所要求的"群内各单位的差异要大，群间差异要小"的特征，因此各群能够具有较好的代表性。

第三阶段：采用方便抽样结合配额抽样的方法。方便抽样是在调研过程中由调研员依据方便的原则，自行确定入抽样本的单位。在操作方面，调研员可根据自己的情况,充分利用各种社会资源和人脉关系,即尽可能地利用与企业高层管理的关系,以得到更加真实的信息。每个调研员承担 10～20 份问卷,具体数据由指导教师确定。

这种样本确定方式的最大特点是容易组织、实施,并且侧重于探寻、发现中小企业运营的现象、特征,能够保证调研的目标和质量。

(二) 调研问卷与填表规则

在问卷构成上,分为"企业基本信息"和对各项要素指标的"行业与企业生产经营情况判断"两个部分,见图 4-1。从而形成了企业基本情况的客观数据与企业家主观评价相结合的指标体系,以此获得中小企业的生产、市场、金融、政策等方面的信息。

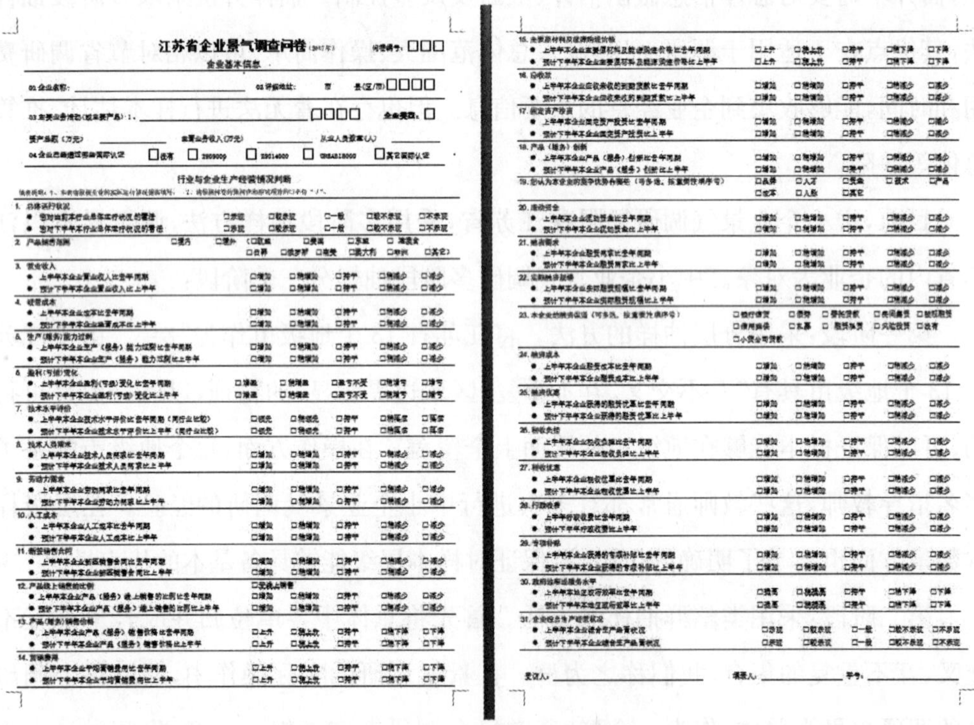

图 4-1 江苏省企业景气调研问卷

问卷由调研员根据受访企业高层管理人员的评价填写。这里要求受访的企业人员应该是企业的高层管理人员,他们应该对企业的经营情况有全面的了解。而中层管理人员,或某个部门的职员,虽然他们也直接参与企业的生产经营,虽然他们对企业生产的某个具体的管理环节比较熟悉,但通常缺乏对全局的把握。因此,不建议问卷的受访者是高层以下的管理人员。这里的限定标准是他(她)对企业整体经营情况的把握能力,而与其具体的管理人数无关。

问卷上右上角的"问卷编号",可按地级市为单位在指导老师的帮助下统一编码,即每个地级市单独编写问卷的序号。

企业基本信息:这部分可根据受访者的描述如实填写,由于调研时点是每年的暑假期间,这时企业的一些基本数据还无法统计,也不是标准的会计时点。所以这部分的数据可以由企业的高层管理者根据去年的报表或企业的经营情况进行估算,而不需要强调确切的时点数据。这部分有些是文字内容,例如:企业名称、主要业务活动等,文字的内容应尽量完整,不要用简称。特别是主要业务活动应填写完整,例如:若现场仅填写了"食品",就无法判断是农副食品加工业、食品制造业、食品专用设备制造、食品零售等等,导致后期无法确定其所处的行业。通常,主要业务活动应填写 6 个字以上,不要少于 4 个字。

行业与企业生产经营情况判断:这部分有 31 个问题,可由企业的高层管理人员按自己的理解做出最直接的回答,即在指标后对应的方格内打"√"。调研员在此过程中只对指标的内容做出解释,对回答的答案不引导、不质疑、不重复提问。有些指标在现场调研时可能有些企业的高层管理人员没有回答,或不便回答,可以不回答,将"□"空着即可,不做其他的标识。除问卷上的第 2、19、23 等 3 个指标之外,其他的都为单项选择,这类指标只能打"√"。关于 2、19、23 指标,后面将有专项的说明。

调研时在现场只填写相关的信息,而不进行编码。

(三) 编码与编码规则

调研的所有信息都必须通过编码才能进入计算机,为下一步的数据处理做准备。也就是说只有经过编码的信息才能进行数据录入。问卷中的"□"都为编码格。在编码和数据录入的文件中,每一个"□"都只能对应 0~9 中任意一个数字,不能有文字,每一个"□"也不可以有 2 个数字。第 2、19、23 等 3 个指标可以对应 a、b、c。

编码分两大类：①"企业基本信息"部分的编码相对复杂些，主要是地址码、行业码、中小企业划型标准，这3项编码都必须查阅相应的编码规则，才能得到编码，查到具体的编码标识值后填入相应的"□"内。这部分的编码必须在录入之前进行专项编码，全部编码完成后再进行数据录入，即不可以"边编码、边录入"，这部分编码规则在下面详细解释；②"行业与企业生产经营情况判断"部分的编码相对简单，除第2、19、23等3个指标以外，其他问题都可以在录入时直接编码录入，即根据调研表上打"√"的位置，直接录入。

1. 企业基本信息编码

地址码：通过数字对某一行政区域进行标识，我国目前在公安、统计等领域都采用统一的地址编码。在中小企业景气调研中所引用的地址码为6位码，见"数据录入"文件中《地址码》工作表。由于目前中小企业景气调研的样本都在江苏省，因此前2位码不编（即不编32），直接编后4位码。即：市2位码、县（区/市）2位码，见图4-2。现场调研时，只填写市、县的信息，而不编码，例如南京市鼓楼区，则在"详细地址："部分只填写"南京"市"鼓楼"区，而在后4个空格中的编码为0106。

图4-2 详细地址及编码

行业码：全称为国民经济行业分类与代码（GB/T 4754—2017）。是指对从事国民经济中同性质的生产或其他经济社会的经营单位或者个体的组织结构体系的详细划分，并以代码进行标识。GB/T 4754—2017表示为2017版国标码。行业代码表在"数据录入"文件中《行业码》工作表，代码分门类、大类、中类、小类，共四类。在中小企业景气调研中，编小类码，即4位码。有些码是0＊＊＊，例如：0111、稻谷种植，在Excel中显示为3位码，也是正确的。在调研现场时填写企业“主要业务活动(或主要产品)”，见图4－3。填写时尽量详细，为后期编码提供便利。若现场仅填写了“食品”，就无法判断是农副食品加工业、食品制造业、食品专用设备制造、食品零售等等，导致后期无法确定其所处的行业。

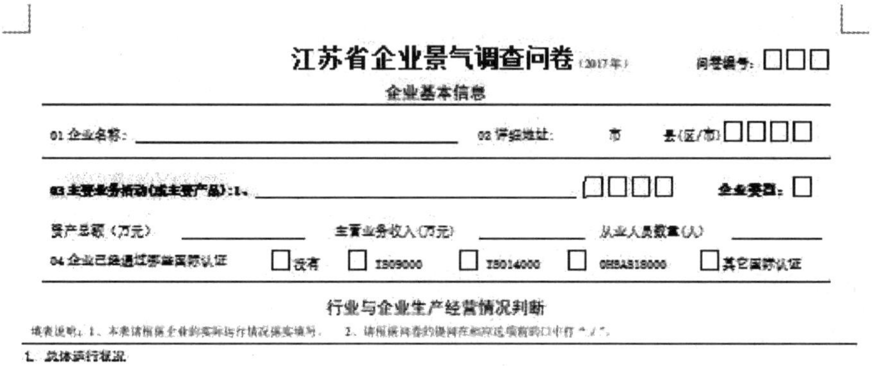

江苏省企业景气调查问卷（2017年）　问卷编号：□□□

企业基本信息

01 企业名称：＿＿＿＿＿＿　02 详细地址：　市　县(区/市)□□□□

03 主要业务活动(或主要产品)：1、＿＿＿＿＿＿□□□□　企业类型：□

资产总额（万元）＿＿＿＿　主营业务收入(万元)＿＿＿＿　从业人员数量(人)＿＿＿＿

04 企业已经通过哪些国际认证　□没有　□ ISO9000　□ ISO14000　□ OHSAS18000　□其它国际认证

行业与企业生产经营情况判断

1. 总体运行状况

图4－3　主要业务活动及编码

企业类型划分：目前采用的中小微企业划分是根据2011年四部委联合发文规定的标准，即：工业和信息化部、国家统计局、国家发展改革委、财政部《关于印发中小企业划型标准规定的通知》(工信部联企业〔2011〕300号)。适用对象为在中华人民共和国境内依法设立的各种组织形式的法人企业或单位。个体工商户参照本办法进行划分。办法按照行业门类、大类、中类和组合类别，依据从业人员、营业收入、资产总额等指标或替代指标，将我国的企业划分为大型、中型、小型、微型等四种类型。具体划分标准在“数据录入”文件中《中小企业划分规定》或《中小企业划分规定表》工作表。行业组合类别将所有的行业归类为16个行业，使操作更加便利。

资产总额：指常住单位在一定时期内获得的减去处置的固定资产加存货变动，包括固定资本形成总额和存货增加。主营业务收入：是指企业从事本行业生产经营活动所取得的营业收入。从业人员数量为企业调研时点上的在编人数。由于我们调研时点是在暑假中，与会计、统计制度不一致，以上三个要素可根据上年的情况，或受访者的理解进行填写。

按上述“数据录入”文件中2表的规定(2表效用相同)，参照行业组合类别、从业人员、营业收入、资产总额等4项指标，确定企业类型。企业类型按大型、中型、小型、微型等四种类型，编码为1、2、3、4。注意：大型、中型和小型企业须同时满足所列指标的下限，否则下划一档，即在确定了“行业组合类别”后，“从业人员”“营业收入”“资产总额”按最低档划分企业类型；微型企业只需满足所列指标中的一项即可。例如：若某“工业”企业的“营业收入”为3 000万，属于中型企业，而“从业人员”只有100人，属于小型企业，则“企业类型”就划归小型企业，编码为“3”。

企业类型虽然只有1位码，却是中小企业景气调研中极为关键的，若编码错误则会影响整个调研的质量。

2. 行业与企业生产经营情况判断编码

这部分编码相对简单，同样可分为两部分：① 单项选择；② 多项选择。

单项选择：问卷中除第2、19、23等3个指标以外，其他的都是单项选择指标。这部分可根据指标后面“□”上“√”的位置直接录入，按从左至右5、4、3、2、1的顺序，直接根据“□”的位置编码录入。有些指标在现场调研时可能有些企业的高层管理人员没有回答，或不便回答，“□”空着的，编码为0。因此，在问卷中单项选择的指标中只能对应于5、4、3、2、1、0，只有这6个数字是合法编码，其他任何形式的标识都是错误的。

多项选择：问卷上的第2、19、23等3个为多项选择问题，多项选择题，选择数量不限，也可不选，要求同时反映企业高层管理人员的选择以及优先顺序。现场调研时可在对应的指标上写序号，即在相应的“□”中填写顺序；编码时，按照“□”的位置将重要性顺序数字进行编码、录入。由于是多项选择，这3个指标的录入可以是0～9、a、b、c，数字顺序、数值大小均受限制，也可以数字、字母交叉录入。以第23指标为例，某企业融资渠道依次为：民间集资、银行信贷、小额公司贷款，则现场填表如下图4-4：

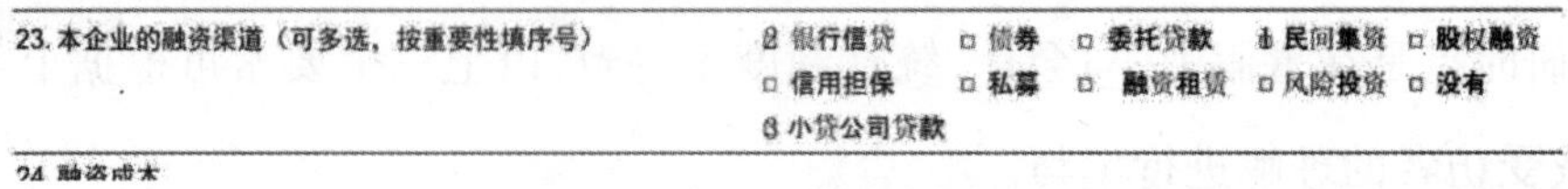
23. 本企业的融资渠道（可多选，按重要性填序号） 2 银行信贷 □ 债券 □ 委托贷款 1 民间集资 □ 股权融资
□ 信用担保 □ 私募 □ 融资租赁 □ 风险投资 □ 没有
3 小贷公司贷款

24. 融资成本

图4-4　多项选择例题1

编码时则为:41a,多项选择的项按从左至右、从上至下的顺序。

第23题例2,现场调研得某企业的融资重要性依次为:私募、银行信贷、民间集资、风险投资、委托贷款、融资租赁,则编码为:714938,见图4-5。

23. 本企业的融资渠道（可多选，按重要性填序号）	2 银行信贷	□ 债券	5 委托贷款	3 民间集资	□ 股权融资
	□ 信用担保	1 私募	6 融资租赁	4 风险投资	□ 没有
	□ 小贷公司贷款				

24. 融资成本

图4-5　多项选择例题2

第2、19指标同此方法。

(四) 数据录入与审核

数据录入是中小企业景气调研最重要的一个环节,只有通过数据录入才能将信息输入计算机,后期的数据分析才能成为可能。数据录入时要格外谨慎,遵循数据录入规则,认真审查,保证数据录入的质量。特别是不要发生错行、错列等系统性的错误。

中小企业景气调研的数据录入程序已经在“数据录入”中,这是一个用Excel编制的程序。不仅可用于数据录入、审核,地址码、行业码、企业类型划分等文件也都合成在这个文件中,后期的数据汇总、处理也可以在这个程序中进行。因此,这是一个很重要的文件,打开这个文件以后就可以在下方看到各个工作表的名称。

1. 数据录入前的审核

数据录入之前应进行基础审核,主要审核调研表的有效性和企业类型划分。

调研表有效性审核:主要针对的是填表质量,现场调研时允许受访者回避一些指标,或不回答调研表上的某个问题。若不回答的只是个别现象,通常不回答的指标不足10个,这份问卷可以认为是有效问卷,可以进行数据录入以及后期的数据分析。但若不回答的指标数量超过10个,即问卷上有1/3以上的问题未作回答,则该调研表应该作为无效问卷处置。处置方法是只在指导老师处登记出现一份无效问卷,其他的信息就不再录入了。

企业类型的划分:企业类型划分是中小企业景气调研中重要的一个环节,也是以往出现问题较多的地方。在进行企业类型划分时需要根据行业组合类别、从业人员、营业收入、资产总额等4项指标进行,具体划分办法已经在前文中叙述。切记企业类型码是按:大型企业、中型企业、小型企业、微型企业的顺序,编码为:1、2、3、4,不可反置。

2. 数据录入

在 Excel 文件中,有第1次录入、第2次录入2个工作表。为了审核数据录入的质量,我们要求进行2次数据录入。2次数据录入之间不可以交叉,应独立地完成第1次录入后,再进行第2次录入。例如,某位同学调研了10份问卷,那么他在第1次数据录入时应该用"第1次录入"工作表将10份问卷全部录入,然后再用"第2次录入"工作表进行第2次录入。"数据录入"完全是按调研问卷设计的,当我们打开工作表时就会发现,无论是"第1次录入""第2次录入",还是后而将提到的"录入审核"都与问卷的内容是一致的,这为数据录入、数据审核都带来了方便。数据录入时还需要注意:① 不要在阴影格中录入数据,数据录入程序的基本格式与调研表是一致的,表上的阴影行是指标行,无实际意义,不能作数据录入;② 不要错行,只要遵循不在阴影行上录入数据的原则,基本不会出现这种状况;③ 不要错列,每张表按照指标的顺序,自上而下录入。

3. 数据录入自动审核

数据录入完成以后,就需要进行数据审核。目前数据审核的方法是在进行了"第1次录入""第2次录入"以后,打开"录入审核"工作表,这时表上为"0"的,即可认为是录入正确。若表中显示为红,不论具体的数字为多少,表示2次录入的数据不一致,这时需要回到"第1次录入"或"第2次录入"工作表中去检查,2次录入必定有一次以上的错误。以此反复,只有在"录入审核"工作表中不再出现红色的数字时,才可认为录入无差错。

只要严格地按照数据审核的流程做,基本能够控制数据录入的错误。

第二节

中小企业景气指数计算方法

企业景气指数是对企业景气调研中定性的经济指标通过定量方法加工汇总，综合反映某一特定调研群体或某一社会经济现象所处的状态或发展趋势的一种指标。定量化的数据处理，能够将定性的评价转化为数据，建起简单的、可比较的数字化的关系。若能够以时间为序列，就可以反映特定经济指标的变化趋势，这在观测经济运行状况时是非常有益的。

一、景气指数的计算

（一）景气指数计算基本方法

计算中小企业景气指数，主要采用差额/净差额方法，这是企业景气调研中统计选项结果的常用方法。目前中小企业景气调研问卷采用5级评分制，根据调研表上"乐观""较乐观""一般""较不乐观""不乐观"等5个选项（或其他同义的选项，数据录入时已经对其赋值），首先计算各个选项的百分比。差额/净差额等于积极选择（"5"+"4"）的百分比与消极选择（"2"+"1"）的百分比之差。选项中的中性选择，即"一般""不变""持平"选择的百分比不作计算（"3"在差额/净差额时不作计算，但在计算百分比时仍计入）。

在调研问卷上，每个指标都分为"对上半年运行状况评价"与"对下半年运行状况评价"。因此，对上半年的指标评价合成就构成了即期景气指数，对下半年的指标评价合成就构成了预期景气指数。根据中国经济景气监测中心的景气指数计算方法：

企业调研

企业景气指数＝0.4×即期企业景气指数＋0.6×预期企业景气指数 　　（1）

即期企业景气指数＝(回答积极的比重－回答消极的比重)×100＋100 　　（2）

预期企业景气指数＝(回答积极的比重－回答消极的比重)×100＋100 　　（3）

景气指数计算举例：

表 4-1　问卷某指标的选项与计算

问卷选项		5	4	3	2	1	汇总
数量	即期	20	22	50	26	10	128
	预期	18	28	45	22	16	129
百分比	即期	15.63%	17.19%	39.06%	20.31%	7.81%	
	预期	13.95%	21.71%	34.88%	17.05%	12.40%	

即期企业景气指数＝(回答积极的比重－回答消极的比重)×100＋100

　　　　　　　　＝(15.63%＋17.19%－20.31%－7.81%)×100＋100 ＝104.7

同理：预期企业景气指数＝106.2

企业景气指数＝0.4×即期企业景气指数＋0.6×预期企业景气指数

　　　　　　＝104.7×0.4＋106.2×0.6 ＝105.6

计算过程中保留 2 位小数，结果保留 1 位小数。

（二）逆指标的处理

问卷上的第 4、5、10、14、24、26、28 为逆指标。逆指标表示其内涵与我们一般的理解相反，正指标是指当一个指标选择"增加""上升"时，都是积极的含义，但逆指标则相反。例如第 4 个指标"经营成本"，其指标选择"增加""稍增加"时，都表示企业的经营进入了消极的运营状态；而选择"稍减少""减少"则标志着企业的经营进入了积极的状态。对于逆指标的处理原则是在现场调研、数据录入时都忽视指标的内在含义，而在数据处理时再按真实的经济意义重新解释。

在景气调研的问卷设计时，一律按照左边最高，自左至右逐级降低，从左边的"增加"向右边逐级降低，右边的"减少"为最低。这样的设计可以减少现场调研时可能出现的因指标解释、理解而出现含糊，降低现场出错的概率。数据录入时仍然不考虑逆指标的问题,仍按照 5、4、3、2、1 的顺序进行录入。切记,在现场调研、数据录入时都按问卷格式进行,不要对指标进行多余的内涵解释,以免引起混乱。

在数据处理时(计算景气指数时)逆指标应将数据反置。即,其他数据按 5、4、3、2、1 进行汇总,而逆指标按 1、2、3、4、5。

(三) 多项选择指标的处理

问卷上的指标 2、19、23 为多项选择指标,是评价类指标,不作景气计算,在景气汇总时不计入这 3 个指标,可进行专题分析。

(四) 几个常用的 Excel 函数

有几个 Excel 函数在进行景气指数计算时非常有益。

1. Countif(区域,参数)条件筛选

计算某个区域中满足给定条件的单元格的数目,则可用此函数。例如,现在需要统计"总体运行状况"中"5"的个数,而"总体运行状况"在工作表上的第 10 行,从第 B 列~第 Z 列,则可以 countif(B10:Z10,5)。

2. Sum(区域)自动求和

计算单元格区域中所有数值的和。在计算所有的选项评价的百分比时,需要先对 5 个等级的评价进行汇总,然后再计算百分比,这时 SUM 函数就非常有益。例如:SUM(AA10:AE10),就可以将 5 个数汇总。

3. $符号,固定

$符号是在进行连续计算时将所选择的区域固定。例如当我们已经用 countif(B10:Z10,5)计算出了区域中所有的"5"以后,自然的需要计算 4、3、2、1,则可以先定义 countif($B10:$Z10,5),然后用 Excel 的功能向右一拉,就可以连续地定义。

此外,函数 Max 求最大值、Min 求最小值在景气指数计算时同样非常有益。

二、景气指数的合成与二级指数的计算

中小企业景气指数是一个指数族,由一个综合指数和四个二级指数构成,可以从不同的角度反映中小企业的运营状况。综合指数与四个二级指数只是针对中小企业不同的运营状况进行反映、解释,指数之间不存在关联性,即综合指数并不是通过四个二级指数的某些数学计算而得到的。当然也可以根据需要,定义新的指数,以解释更多的企业运营状况。因此,中小企业景气指数调研的可扩展性很强。

(一) 中小企业综合景气指数的合成

综合指数是由调研问卷上各个指标(除第 2、19、23 等 3 个多选指标)的评价汇总得到。汇总时有两点需要注意:

1. 汇总时应先将各个指标的选项分别汇总,即所有的 28 个指标的 5、4、3、2、1 分别汇总后再计算各个选项的百分比,再分别计算即期指数、预期指数,然后再合成综合指数;

2. 问卷上的逆指标第 4、5、10、14、24、26、28 指标,应反置后再合成,反置方法已经在前叙述了。

(二) 二级景气指数的合成

在中小企业景气指数族中,还有四个二级指数,将影响企业生存和发展的各种力量归结为生产、市场、金融和政策四大因素。这四大因素决定了企业的生存和发展,反映了企业整体的成长特征、规律与趋势。对其进行综合评价,能够为企业和政府在实际的管理决策、政策选择与战略制定的过程中提供重要依据,企业能根据企业评价信息适时进行自我调整,主动应对多变的环境,赢得更多生存和发展机遇。政府能根据企业生态环境变化的信息不断创新和完善服务支持体系,优化政策生态环境,为企业的成长和竞争力的提升保驾护航。

二级指数的合成是将问卷上相应的指标合成,二级指数的指标构成见表 4-2。

合成的方法与综合指数的合成方法相似,同样要注意指数的合成方法与逆指数的处置。

表4-2 二级指数的构成指标

生产景气	市场景气	金融景气	政策景气
3. 营业收入	5. 生产(服务)能力过剩	1. 总体运行状况	10. 人工成本
4. 经营成本	7. 技术水平评价	5. 生产(服务)能力过剩	21. 获得融资
5. 生产(服务)能力过剩	8. 技术人员需求	16. 应收款	24. 融资成本
6. 盈利(亏损)变化	9. 劳动力需求	17. 投资计划	25. 融资优惠
7. 技术水平评价	10. 人工成本	20. 流动资金	26. 税收负担
8. 技术人员需求	11. 新签销售合同	22. 获得融资	27. 税收优惠
9. 劳动力需求	12. 产品线上销售比例	21. 融资需求	28. 行政收费
10. 人工成本	13. 产品(服务)销售价格	24. 融资成本	29. 专项补贴
16. 应收款	14. 营销费用	25. 融资优惠	30. 政府效率或服务水平
17. 投资计划	15. 主要原材料及能源购进价格	29. 专项补贴	31. 企业综合生产经营状况
18. 产品(服务)创新	16. 应收款		
20. 流动资金	22. 融资需求		
31. 企业综合生产经营状况	24. 融资成本		

第五章

企业调研的质量保障与职业精神

"企业调研"这一门课程是为了高质量完成每年一度的"江苏中小企业景气指数问卷调研"项目而设置的。其中"企业调研质量与职业精神"这一章的内容旨在深化两方面的认知：一是高质量完成（质量保障）这一调研项目所必须强化的认知，为此将围绕两个关键词："态度"和"诚信"展开论述；二是在参与这一项目进程中强化对职业精神的认知，这里再用两个关键词"专业"和"责任"来阐释。当然，这四个关键词都与企业调研的质量保障密切相关。总体上看，"态度""诚信""专业"和"责任"都是"职业精神"的具体体现，都是确保企业调研成果质量的必要条件。

第一节

企业调研的"态度"

一般认为,态度是个体对特定对象(人、观念、情感或者事件等)所持有的稳定的心理倾向。这种心理倾向蕴含着个体的主观评价以及由此产生的行为倾向性。简言之,"态度"是对于事情(这里指对"中小企业景气指数调研项目")的看法和采取的行动。显然,每一个参与者对这一项目的认知和采取的行动都会直接影响项目的质量。所以有必要深入了解江苏中小企业景气指数调研项目的背景、意义、已取得的成绩和通过参与能获得哪些历练。

一、企业调研的背景

2014年初,南京大学金陵学院商学院在探索具有南京大学特色的应用型财经管理人才培养模式大讨论的基础上,在当时南京大学党委书记、著名经济学家洪银兴教授的大力支持下,整合全院4个系(市场营销系、会计系、国际经济与贸易系、金融学系)7个专业(市场营销、会计学、财务管理、国际经济贸易、国际商务、金融学、投资学)的教学科研资源,依托南京大学商学院,聚焦和专注中小企业生态研究,创建了南京大学企业生态研究中心(以下简称研究中心),自垫资金立项启动江苏中小企业景气指数和江苏中小企业生态环境评价的研究,包括设计中小企业景气指数问卷、指数体系、编制方法、生态环境评价体系和评价模型等内容;同年7月,在期末考试结束后,研究中心组织全院321名学生和23名老师带队,赴江苏13个地级市的中小企业集聚区开始首次中小企业景气指数问卷调研。

2015年以来,每年暑假都有400~500余名、带队教师20~30人参加江苏中小企业景气指数问卷调研,这些师生赴江苏13个地级市走访中小企业,发放回收问卷,深入企业了解企业运营现状,撰写调研报告,举办调研报告大赛,发布年度江苏中小企业景气指数和年度江苏中小企业生态环境评价报告。2016年,国务院办公厅、国家发展改革委员会、国家教育部将南京大学列为全国高校首批国家级创新创业示范基地,研究中心的这个项目被列为基地的重点项目,提供了资金和设备支持,从而进一步夯实了项目基础。经全院师生的共同努力,每年都有众多学生通过这一项目的历练脱颖而出,专业素养和综合素质大幅提升,并取得了一系列高质量高水平的标志性成果。

其中,有50余篇以二、三年级为主体的本科生撰写的专题调研报告收录在南京大学出版社出版的《江苏中小企业生态环境评价报告》(年度报告)中,有10多篇以中小企业为研究对象的学术论文公开发表;2017年,"南行者"学生团队的调研报告"我国中小微企业转型升级进程中的创新之困——南通家纺产业集群的调研报告"荣获全国高校最高水平赛事——第15届全国大学生"挑战杯"一等奖;2019年"Innov-SIEr"学生团队的调研报告"制造业中小企业创新的成功之路——协同创新+靶向服务的江阴经验"荣获第16届全国大学生"挑战杯"一等奖和第12届全国大学生创新创业年会优秀论文文科组第一名。同时,学生团队还参与完成江苏省工业和信息化厅的委托课题3项,江苏银保监局和江苏省保险学会的委托课题1项,江苏银行委托课题1项,江苏省江阴市政府委托课题2项等。

二、企业调研的意义

研究中心专注研究中小企业的原因,是因为中小企业在国民经济中举足轻重。近年来,我国的中小企业占全国企业总数95%以上,吸纳就业人数占城镇就业人口80%以上,吸纳农村转移劳动力达70%以上,工业产值占全国60%以上,实现利税占全国40%以上……这些数据意味着我国中小企业的成长和发展与经济社会能否繁荣健康发展息息相关,与社会和谐与稳定息息相关,其地位和重要性可形象地比喻为"经济生态环境中的生命之水、国计民生之水和社会和谐之水"①。因此,深入研究中小企业,积极为培育和优化中小企业生态环境贡献力量,这既是各级政府、各行各业乃至全社会的共同责任,也是研究中心的社会责任和努力方向。

为此,研究中心每年暑期组织学生深入江苏13个地级市的中小企业开展问卷调研,编制和发布江苏中小企业景气指数,分析、研究、撰写和出版江苏中小企业生态环境评价报告,及时、充分和准确地向市场持续发布企业景气状态的关键信息,发布企业生态环境变化的关键信息。这些信息的发布,不但能很好地填补江苏中小企业有关统计信息的空白,并能为江苏中小企业以及各级政府的科学管理和决策提供真实有效的参考信息。这些贡献有助于江苏的经济发展,有助于优化江苏的资源配置效率。

三、企业调研的人才培养价值

长期以来,我国的大学教育始终存在着一个人人皆知的弊端,即校园内的人才培养模式与校园外的人才需求相距甚远。尽管为力求缩小这个差距做出许多探索和努力,也有一些成效,但这如同鸿沟的差距依然存在,大多高校的人才培养方案及教学计划并没有实质性的转变,特别是本科层次的人才培养,暑期实习等社会实践活动形同虚设,或成效甚微。

研究中心要求,在参加江苏中小企业景气指数调研之前,首先要经过系统学习来掌握企业调研相关专业基础知识和基本要求,然后利用暑期深入到中小企业进行问卷调查,通过走访目标企业,直面企业经营现状,围绕与企业相关的市场、生产、金融、政策、法治5个方面进行全方位的调研,亲身感悟目标企业的生存发展态势及存在的问题,回收问卷及处理分析问卷,编制景气指数,撰写调研报告,制作

---

① 南京大学企业生态研究中心的LOGO,由蓝色水滴和绿色小树苗组合,水滴意寓中小企业,小树苗意寓人才培养,即研究中心的宗旨是引领学生关注和研究中小企业,通过中小企业景气指数问卷调研的历练,全面提升专业素养、应用能力和管理能力。研究中心既肩负着社会责任(水的意寓),又担负着双创人才培养责任(树苗的意寓)。

企业调研

PPT参加调研报告大赛；对竞赛中脱颖而出的调研报告，进一步完善后作为专题调研报告收录到年度出版的专著——《江苏中小企业生态环境评价报告》中，还可投稿到学术期刊公开发表。如前所述，近年来每年都有一大批二、三年级的本科生通过这样的历练快速成长起来，将学校课堂上所学与企业实际所需密切结合，消化理论知识用于对现实问题的研讨，快速和大幅提升了专业素养，变为"真才实学"，并能潜移默化地提升社会责任感，尤其是对一些立志创新创业的学生，通过这样的历练能为应对未来的挑战奠定坚实的基础。

再有，每年参与这一项目的学生都有400～500人甚至更多，占同年级学生总数高达60%以上。有这么多学生通过这样的历练，对企业经营、市场运行、金融投资、经济动态、政策绩效、法治环境等方面加深了认知和见解，提高了分析能力和研究能力，实实在在地提升了专业素养和综合素质，从而强化了专业自信和应对就业市场人才竞争的能力。充分彰显研究中心这一人才培养平台所具有的价值，以及这一应用型人才培养模式所具有的特色。

四、态度—调研质量—公信力

上述内容阐明了中小企业景气指数调研的背景、意义、价值和特色，表明这个项目不但意义重大，而且是一次非常难得的历练机会。通过深化上述认识，使每一位参加这个项目的学生能端正"态度"。"态度"直接关系到调研的质量。高质量的调研是确保中小企业景气指数和中小企业生态环境评价公信力[①]的前提。

这是因为，只有深知这个项目意义重大和机遇难得，才能激发调研的积极性、责任感和创新意识，才能全身心投入其中，努力学习相关专业知识，悉心发放回收问卷，严格把控问卷质量，规范严谨统计分析，尽心尽责地去学习、去实践，竭尽全力地完成任务。因此，当每一位参与者在这些环节都能高质量完成任务时，中小企业景气指数和中小企业生态环境评价研究的公信力就有了可靠的保障。

---

① 公信力一般指某一组织（机构）在社会上被接受被信任的程度。南京大学作为独立第三方，所研究和发布的指数或评价报告不受任何利益集团左右，通过坚守研究的独立性，成果（信息）的真实客观性赢得社会的信赖（公信力）。

第二节

企业调研的"诚信"

如前所述,江苏中小企业景气指数问卷调研是为编制发布年度指数、撰写年度生态环境评价报告的基础性工作。其中,回收问卷的真实性,编制指数和撰写评价报告的客观性、严谨性,是确保这些成果公信力的前提。指数和评价报告的公信力取决于什么呢?除问卷质量和一些技术性专业性因素外,最为基础的和关键的就是问卷信息的真实性。如何确保问卷信息真实呢?反过来问就是如何确保问卷不是虚假信息呢?这就与"诚信"密切相关了。因为"诚信"是确保信息真实有效的前提和关键。

一、信息与诚信的关系

市场经济条件下的资源配置是由市场决定的,这是经济学的基础性概念。在我国,自1978年开始改革开放,从计划经济向市场经济转型至今,市场在经济资源配置中的作用也在逐步提升,从"基础性作用"到十八大三中全会后的"决定性作用"。这意味着国家愈发重视和逐步强化市场配置资源的功能和效率,也意味着信息在市场配置资源中的功能性作用将大幅提升。

(一)信息的重要性

为什么信息非常重要非常关键?因为信息决定着市场资源配置的效率。

如果我们问,市场经济中的要素价格是由什么因素决定的?凡了解过经济学基础知识的可能都会顺口回答:是由该要素的供求决定的。但这样的回答还不完整。信息经济学基础理论中有这样一个抽象的概念,即要素价格上凝聚着各种相关信息(存量信息+增量信息),于是,信息变化→预期变化→选择变化(买或卖)→供求变化→价格变化和供求量的变化→资源配置效率(效益)变化。这一逻辑表明,要素价格先受到信息变化的影响,然后是供求的变化,并由此得出一个重要结论:信息决定资源配置的效率。

2013年诺贝尔经济学奖得主之一,著名经济学家尤金.法玛(Eugene Fama)提出的"有效市场假说"中有这样一个结论,大意是一个有效的市场是不会浪费或漏用信息的,如果一个市场的信息越充分越有效,则这个市场的效率就越高。

回收江苏中小企业景气指数调查问卷编制发布景气指数和生态环境评价报告,就是公开披露年度江苏中小企业景气态势,以及所面临的生态环境的相关真实信息。这些都是指数和评价报告的价值所在。

(二)诚信是确保信息真实有效的关键

从字面上理解,诚信就是诚实和守信用,一般而言,诚信当属道德伦理范畴,是个非常宽泛概念。进一步看,诚信有两个内涵,一是指为人处世诚实和真诚,尊重事实;二是指信守承诺,即"守信用"。其中,"信用"一词涉及面也相当广泛,在不同场合不同视角下又有不同的含义。

1. 文化学范畴的信用

信用主要是指参与社会和经济活动的当事人之间所建立起来的以诚实守信为道德基础的"践约"行为。

2. 法学范畴的信用

《民法通则》中规定"民事活动应当遵守自愿、公平、等价、有偿、诚实守信的原则";《合同法》中要求"当事人对他人诚实不欺,讲求信用恪守诺言,并且在合同的内容、意义及适用等方面产生纠纷时要依据诚实信用原则来解释合同"。

3. 经济学范畴的信用

经济学中的信用是建立在契约上的,意指在商品交换或其他经济活动中授信人在充分信任受信人能够实现其承诺的基础上,用契约关系向受信人授信,并保障自己(授信人)的本金能够回流和增值的价值运动。

4. 金融学范畴的信用

在金融领域,信用就是货币(基于国家信用发行的货币),货币就是信用;金融产品也是信用;信用创造货币、金融产品和资本。

上述信用的广泛含义表明,市场经济体制对参与社会经济活动的主体(个人、企业、政府等)的相关行为都有明确的游戏规则——基本规则(对信用有明确的规范),市场经济就是法制经济,就是信用经济,信用是市场经济的基石。因此,诚信是社会经济健康、和谐和稳定的根本保障。

以坚守诚信的态度参与企业景气指数问卷调研,是确保问卷信息真实的前提,也是确保中小企业景气指数和生态环境评价公信力的前提。

二、客观认知我国的信用文化

深入认知企业景气指数调研中的"诚信"问题,需要进一步认知我国的信用文化。信用文化大体有三个层次:道德自律、制度约束、文化自觉。如前所述,诚信即是诚实和信用,诚实属道德伦理范畴,而信用,特指现代经济社会的信用,是法学和经济学等的范畴。企业调研这门课程主要讨论信用文化的经济内涵。

存在决定意识。从不同国家经济社会发展演进的历史视角看,由于不同国家的社会、政治、文化、经济、宗教等的差异性,会衍生出不同的信用文化。发达市场经济的信用文化,颇具代表性的当属荷兰,并与我国的信用文化有很大不同。将中荷信用文化作比较,能得到很多有益的启示。

(一)荷兰的信用文化

在17世纪初,面积大约只相当于现在的两个半北京城和150万人口的荷兰,迅速崛起成为海上第一强国和世界经济大国。一些历史学家从历史的视角分析荷兰经济崛起的原因,其中一个小故事具有代表性。大约在1596年到1598年间,一个名叫巴伦支的荷兰商船船长和17名水手装载了一船货物途经三文雅(俄罗斯一个岛屿)时遇到暴风雪,被冰封的海面困住。在零下40摄氏度的严寒中,他们拆掉船上的夹板作燃料保持体温,靠打猎获取猎物充饥和用皮御寒,在这样险恶的环境中煎熬了8个月,其中8个人死去了。但巴伦支和这些水手却做了一件令人难以想象的事情,他们丝毫未动委托人的货物,而这些货物中就有可以挽回他们生命的衣物和药品。冬去春来,冰雪融化了,幸存的商人终于把货物几乎完好无损地带回荷兰送到委托人的手中。他们用生命做代价坚守信用,创造了传之后世的经商法则。在当时,这样的做法也给荷兰商人带来了显而易见的好处,即赢得了海运贸易的世界市场。

荷兰人有热衷经商赚钱的文化,但赚钱的要诀是坚守信用,甚至愿意以生命为代价坚守信用。历史学家认为,是荷兰的信用文化助力荷兰赢得了世界市场,这是当时荷兰迅速崛起成为世界经济大国的重要原因之一。上述小故事所彰显的荷兰信用文化生动地诠释了信用是市场经济的基石的重要内涵。

(二) 我国信用文化"缺失"现象

与荷兰信用文化比较,会发现我国经济转型中应有的信用文化几乎缺失了。信用"可有可无"的意识普遍存在。"可有可无"意指在对自己有利的时候就有(讲)信用,对自己不利的时候就无信用;更有甚者是"有权就任性","有钱就任性","无权无钱也能任性"(老命一条,你怎么着)。这里的任性,意指想怎么就怎么,无视契约、规则、道德伦理,随心所欲,甚至胡作非为。以致社会经济活动中不同主体(个人、企业甚至政府部门)存在着的失信行为(违约案例)举不胜举。

在校大学生中,是不是也有一些学生存在着信用"可有可无"的意识? 甚至还有较大的"市场"? 这是一个尖锐的和严峻的问题。比如,是不是存在着无视大学生守则,考试中作弊或代考试,毕业论文抄袭,甚至花钱找"论文写手"买论文等现象? 如果再看一些细小行为,比如代做作业、代考勤等这些"身边事"是不是"很平常"?

再进一步说,在讲授"企业的调研质量保障与职业精神"这一章的课堂问卷调查中,问及"你认为你是一个守信用的人吗?"回答"是"的占比为100%,可其中就有学生,在中小企业景气指数问卷调研时存在造假舞弊行为,即因"未能完成回收问卷的数量指标而不能获取相应学分"的规则下,采取"铤而走险"(自己填写问卷,或拿别人问卷冒充自己问卷充数)的行为。

由此可见,上述这些诚信缺失现象绝不是特殊现象,而是在一定程度上成为经常存在着的现象。

(三) 我国信用文化"缺失"的成因

我国的信用文化为什么与荷兰的信用文化有这么大的差异？我国为什么有很多人存在着信用"可有可无"的意识？回答这些问题需要追溯我国信用文化缺失的成因。归纳起来有以下 5 点。

1. 我国没有信用（基于契约的）的制度土壤

我国几千年的文明史中缺失根植于市场经济的信用文化。封建经济时期，儒家思想中的信用指的是伦理道德层面的信用，而且其重要性排在"仁、义、礼、智、信、忠、孝……"第五位；计划经济时期只有国家信用（政府信用），也是没有契约的信用；直至 20 世纪 80 年代，我国开始了市场化的改革开放，加速推进市场化进程，但从现在看，坦言之，本应有的"作为市场经济基石"和在"在资源配置中起决定性作用"的信用及信用文化依然处在基本缺失或部分缺失状态。这是国人"信用可有可无"的制度性文化成因。

2. 信用法律和信用制度建设严重滞后

改革开放 40 多年来，政府在推进市场化的进程中并没有真正重视信用法律体系和信用服务体系建设，忽视了信用激励机制和信用约束机制的创建和完善，以致市场主体（个人、企业、政府等）违约（失信）成本太低，守信收益太低（信用不值钱），信用也就自然不会被真正重视，"可有可无"了。

3. "关系型社会"进一步强化了对信用的轻视

在计划经济路径依赖的惯性下，转型经济社会被滋生和强化成"关系型社会"的社会经济形态，"人脉资源"及各种权力左右资源配置，以致很多人会"理性"认为资源配置中人脉关系和权力最重要，固化为既定社会形态和文化下的人性使然（经济学中的理性人假设），有人脉有权力则一路绿灯，没有办不成的事，所谓"关系最重要，信用不值钱""关系就是生产力"。显然，被强化的"关系型社会"也是信用"可有可无"或"无足轻重"的重要原因。

4. 政府信用制度建设严重滞后

多年来，各级政府中一些官员，尽管其能力或专业素质相对较高，通常也会强调信用很重要,但听其言观其行,结论是他们同样有"信用可有可无"的潜在意识,更谈不上真正的契约精神和职业精神。突出表现为:对他人(下级、企业、民众)要求讲信用,但对自己(代表的是政府)则信用可有可无;有利时强调信用重要,无利时则摒弃信用;"有权就任性",想怎么做就怎么做;这些现象从中央到地方,只要看看其中的这么多贪腐官员,例子数不胜数。究其原因,在信用制度没有建立完善和强化之前,信用文化缺失的社会环境必然会使部分官员滋生信用可有可无的意识,必然会潜移默化地显现在这些官员的执政行为中。

5. 诚信教育体系缺失

在我国,从幼儿园起,小学、中学、大学直至进入社会,坦率地说,诚信教育体系缺失,信用教育严重不足或信用教育成效甚微的问题是有目共睹的。诚信教育体系是社会信用体系构架中的一个重要组成部分,诚信教育缺失或形同虚设,以致从孩子起到长大成人,在成长教育的各阶段,信用意识和信用观念必然是淡漠的,信用便"可有可无"了。

上述"信用缺失"的五个成因表明,"信用缺失"的社会现象必然使经济活动付出高昂代价,市场资源配置效率必然大幅降低,严重败坏社会风气。更为严峻的是,从宏观方面,这种信用文化将会加速侵蚀"诚实守信"的核心价值体系,加速弱化市场配置资源的功能和效率;这种信用文化还会加速放大全社会的信仰危机隐患,细思极恐。

从企业景气指数调研这个项目看,如果忽视了诚信而出现问卷作假行为,由此虚假数据得出的指数和评价报告就偏离了真实性和客观公正性,直接影响研究成果的公信力。这也是企业调研这门课程中增加对诚信文化的认知和强化诚信教育的目的,并郑重告诫大家必须杜绝问卷作假行为①。

---

① 应选择何种思路应对"信用缺失"问题?正文里没有展开,在这里用脚注简述。对策主要有三方面:一是建立健全社会信用体系。理论上讲,只有市场主体信用信息完全公开、对称和透明,信用约束机制才能有效,这是必须努力的方向;二是建立健全信用监督监管惩戒机制。包括新闻监督、监管部门监督管理,惩戒即大幅提高市场主体违约(失信)成本。美国大法官路易斯.布兰代斯有一名言:"阳光是最好的消毒剂,灯光是最好的警察"。阳光意指公开透明的社会信用体系,灯光意指新闻监督和监管部门的监管。三是符合中国国情的信用文化建设。

三、校训及培养目标

(一)"诚"是南京大学校训明示的首要行为准则和最高道德规范

校训是学校制定的对全校师生具有指导意义的行为准则,是学校办学传统和培养目标的高度概括。"诚朴雄伟,励学敦行"是南京大学百年校庆时确立的新校训,既反映了南京大学的优良传统和特色,又体现了南京大学办学的理想追求和实现途经。其中,"诚朴"在 4 个关键词中居首。曾担任南京大学校长的蒋树声教授对"诚朴"是这样解读的[①]:诚朴是诚恳朴实的意思,其中"诚"是核心,是根本。"诚"是维系人类社会的最高道德规范,也是中国传统文化的精神内核。诚者,真也,"诚"的对立面是"欺","真"的对立面是"假"。……"诚"是个人和社会一切道德准则与行为规范的基础,如果个人与社会都不讲究"诚",那么任何道德准则与行为规范都会成为无源之水,无本之木,个人信誉乃至整个社会的基础就会动摇。……诚心诚意,求真求实,不弄虚作假,不投机取巧,不急功近利,只有这样,才能获得真才实学,才能担负振兴中华的重任。

(二)商学院人才培养目标及要求

1. 基本要求

"诚"是南京大学校训的核心,是根本。表明作为南京大学培养的学生,"诚"是首要的最基本的要求。进一步说,南京大学经济类、管理类专业的学生,在"诚"的基础上,还要坚守信用,遵守规则,求真求实。这也是对南京大学人才培养最基本的要求,或称"底线要求"。南京大学不能为国家培养没有诚信(底线)的学生,因为没有底线的学生走出校门后,即便成绩再优秀,能力再出色,若在政府任职,会因没有底线成为没有诚信的官员或腐败官员,严重危害政府的公信力,祸害社会经济;若在企业管理岗位,会因没有底线而作假失信玷污企业信用,或为一己私利侵吞企

[①] 南京大学官网—南大概况—南大标识。

业资产,严重危害企业权益。

2."情怀要求"

这里"情怀",其意寓对应于"利他"和"社会责任感",即希望所培养的学生,是愿意"利他"和具有"社会责任感"的人,而不能培养"精致的利己主义者"。精致的利己主义者可能在一时或表面上做到"诚",但不愿或很难做"利他"的事,更不可能有或较少有"社会责任感"。"情怀"要求,就是支持和勉励学生做一个关爱他人,乐于助人,具有团队精神、集体荣誉感和社会责任感的人。这也是经济类、管理类专业应用型人才培养的要求。因为经济类、管理类学生走出校门进入社会,大多成为不同行业不同层次的管理者,作为管理者,"情怀"要求尤为重要。我国改革开放40多年至今,学校教育中人才培养目标与激励机制存在明显偏离,成绩出色或达到量化条件就能评奖评优,同时在校园内外功利色彩非常浓郁的社会风气下,培养出一批又一批潜在的或现实的"精致的利己主义人才"[①],这样的"人才"不论到什么岗位工作,从事何种类别的经营管理,都会是潜在的或现实的隐患。上到周永康,下到政府部门的股长、公务员,企业经理或基层管理者,那么多违法、违纪、违规案例中,很多罪犯都是从不同层次学校培养出来的"优秀学生";特别是有些"精致的利己主义"管理者,在个人利益和集体利益(或社会利益、国家利益)面前,凡事都与个人利益为先为重,这样的人担当管理岗位,将会导致所在单位(部门、企业、机构)因一己之利而减损集体利益,失去发展机会或蒙受损失;太多的惨重的教训足以警醒我们必须引以为戒。因此,必须创建"情怀要求"机制,并贯穿在校学生培养的全过程。更为重要的是,若"精致的利己主义"盛行,将严重侵蚀我们中华文化根基和信仰根基,这一大隐患会对国家带来灾难性影响。

3."初心与使命要求"

习近平总书记在十九大报告中提出共产党人要"不忘初心,牢记使命"。"初心"就是为中国人民谋幸福,"使命"就是为中华民族谋复兴。这是对每一位共产党

---

① 经济学的"理性人"假设认为人都是"自利"的,只会做对自己有利的事。这既是人的自然属性,亦是人性的弱点。在学校现行的量化的评优评奖机制下,考试分数越高和获奖越多,评优评奖机会越多,这时人的"自利"动因可能发挥到极致,大批"精致的利己主义高才生优秀生"脱颖而出。

员的要求。南京大学"诚朴雄伟,励学敦行"八字校训中的"雄伟",意寓雄壮而伟大。南京大学培养的学生,要在为人、为学方面有远大志向,立志"做得大事",要有崇高的责任感和使命感,将个人奋斗的目标与国家的发展、人类的进步紧密结合起来①。显然,南京大学校训中的"雄伟"要求与习近平总书记提出的作为一名共产党员的要求是一致的。因此,南京大学校训中的"诚朴"要求,具体到"企业调研",是全程必须坚守诚信底线,这是南京大学校训的基本要求;进一步,通过问卷调研,在实践中提升团队意识和锻炼组织管理能力,通过企业调研融入社会和感悟社会,洞察和思考企业、市场及社会经济发展现状和存在的问题,孕育和坚定心系社会、报效国家的社会责任感,成长为一个有情怀的人;更进一步,在此基础上,立"雄伟"大志,并以共产党员的要求,夯实"初心与使命"的信仰之基,践"初心与使命"之行。

南京大学校歌的第一句歌词是"大哉一诚天下动",意思是:诚实之德多么伟大,整个世界都为之鼓动。"诚实""诚朴"是南京大学文化之魂,作为南京大学的学子,应秉承"诚朴"和"诚信"文化,并贯穿于企业调研的全过程以及未来成长的每一步中。

---

① 南京大学官网—南大概况—南大标识。

第三节

企业调研的"专业"

本章所指的"专业",是在校生所学专业或走出校门从事某种职业。常言道:术业有专攻,对于经济类、管理类专业的学生,本课程所指的"专业",特指学生通过参加中小企业景气指数调研历练,全面认知所学专业,强化专业意识,完善专业知识结构,提升专业素养,确立专业志向。这些都是确保企业调研质量和塑造职业精神应具备的条件。

一、强化专业意识

一般而言,大多学生初进大学校园时,对自己所学专业并无基本的认知,仅有的或源于父母亲属,或源于老师和熟人,或电脑或手机等。即使知道4年中要选修几十门专业课程,但这些课程内容及其实际工作中的价值所在,用于哪些方面及重要程度,几乎是一无所知。有些学生本科4年下来,从课堂到课堂,从书本到书本,考前死记硬背,考后很快遗忘,毕业前求职应聘患恐惧症,毕业后走上工作岗位突然发现自己4年光阴虚度白学了。便有不少人认为大学里教的或课堂上听的或书本上学的专业知识"没用"。

大学里教的和课堂上听的或书本上学的专业知识真的没用吗?其实不然。不是所教所听所学的专业知识没用,而是被忘记了或不能活学活用,没有真正消化吸收,自然到用时方恨少多抱怨。究其原因,是因为在目前大多高校的现有培养模式下,校园学习环节及教材内容与生产经营管理第一线(企业或市场等)的距离太远,理论与实际严重脱节,以致学生不具备带着问题学习的条件,也就难有学以致用的意识和专业意识。

研究中心主持的江苏中小企业景气指数和江苏中小企业生态环境评价研究项目,旨在为学生搭建一个独具特色的应用型财经管理人才培养平台,学生通过这个平台深入中小企业进行企业景气指数问卷调研,从生产、市场、金融、政策、法治几个方面研究中小企业发展态势,影响因素,存在的问题,以及应对之策。那么,市场营销专业的学生多会关注企业产品的营销问题;国际经济与贸易或国际商务专业的学生会更关注企业国际市场行情变化或中美贸易摩擦问题;金融学或投资学专业的学生会更关注企业投融资相关问题;会计学或财务管理专业的学生会更关注企业会计和财务管理方面的问题等等。这种从发放回收问卷以及企业参访中观察企业发展态势,结合问卷分析厘清与专业相关的诸多问题,带着这些问题去查找文献资料,查阅相关教材、专著,带着这些问题去学习去研究,必然能更深刻地理解和消化相关专业知识和专业理论,这样的学习将起到事半功倍的效果,对所学专业的认知会更加明晰。显然,参加企业景气指数调研是强化专业意识的最有效的途径。

二、完善知识结构

经济类、管理类专业的学生,4年中要必修和选修20～30门专业课程,但这些专业课程都与所学专业密切相关,专业知识结构的单一性特征非常突出。以致任何一个经济类或管理类专业的专业课程体系都不可能涵盖企业景气指数研究或企业生态环境研究所需要的知识结构,比如,市场营销专业课程体系中较少会计学、财务管理、金融投资的课程;会计学或财务管理专业课程体系中较少市场学、国际贸易或国际商务的课程;金融学或投资学专业课程体系中较少市场学、企业管理、国际商务或财务管理的课程;商学院7个专业全都缺少法学相关专业课程。

当今世界经济发展日新月异,市场竞争日益激化,对企业家素质、经济管理者素质及应有知识结构,要求越来越高。尤其是2014年9月李克强总理首次在达沃斯论坛上提出"大众创业,万众创新"的国家战略,以及2018年9月18日发布《关于推动创新创业高质量发展打造"双创"升级版的意见》后,国家对人才培养所应有的知识结构又有了全新的要求。意味着双创人才的知识结构,需要从过去单一的专业知识结构向个人志向导向的复合型知识结构转型。

只有以市场需求为导向来选择创新和创业的方向,才有助于提升创新创业的成功率。这就需要首先熟悉市场和准确判断市场行情和市场走势,就要着手设计问卷进行市场调研,运用市场学知识、统计学知识、企业管理学、财务管理知识、金融学知识进行统计分析、市场分析和风险分析,确定创新创业方向;在此基础上,运用生产管理、成本管理、财务管理、销售管理、融资及资金管理、运营管理、法务管理、广告管理等专业知识拟定创新创业企划书和寻求融资支持;进一步就是研发及创新成果(研发的产品或专利等)转化或初创型企业经营管理,以及企业可持续经营和发展。这不但需要上述专业知识的支持,而且需要具有企业家精神的意志和品质,以及企业管理能力和社会活动能力。

如前所述,中小企业景气指数体系由综合景气指数和5个二级指数(生产、市场、金融、政策、法治)构成,对应中小企业生态环境评价体系的5个生态条件(生产、市场、金融、政策、法治),则参与调研的学生须直接深入到中小企业,从这五个方面的30多个问题,全方位进行中小企业景气指数和中小企业生态环境评价的调研,收集问卷撰写调研报告,进而深化对这5个专业(学科)方向相关重要专业知识的吸收和认知,从而加速完善创新创业所需以及新时代人才所需的专业知识结构。

三、提升专业素养

本课程涉及的"专业素养"是专指中小企业景气指数调研应具备或可提升的专业素养。提升专业素养的着力点主要在以下5个环节。

1. 课程学习环节

企业调研这门课程体系涵盖了企业景气指数调研所必需的相关知识,如设计调查问卷、建立指数体系和指数模型、编制指数及统计分析、与企业调研相关的经济学管理学等基本概念和基本理论、如何撰写调研报告、如何进行深度分析等等,这些知识的吸收消化和熟练模拟运用,能为后续的企业实地调研和深度研究夯实好专业知识基础。

2. 问卷调研环节

学生利用暑期赴中小企业一对一的问卷调研,是一次非常难得的历练机会。

实地调研中,学生直面企业家或企业管理者,或阐释问卷中一些问题的经济含义;或请教企业经营管理中存在的现实问题;或通过对企业的参观、学习和交流,深化对书本上专业词汇、专业知识的理解和感悟。比如,很多书本中课堂上接触到的专业词汇,诸如:怎样理解流动资金、产能过剩、应收未收款、融资成本、人工成本、税收负担、信用环境、知识产权等词汇的专业含义,以及这些因素对企业经营绩效影响的认知,等等。不同学习场景下(学校—企业)的收获或成效是完全不一样的。

3. 撰写报告环节

完成问卷发放回收及企业参访任务后,就要着手撰写调研报告。本课程对调研报告提出一些具体的要求,并鼓励学生独立思考和激发创新思维,撰写有力度和深度的调研报告;同时,撰写调研报告的过程也是研究性论文写作经验、专业思维能力和专业素养不断丰富和提升的过程。本课程还会向学生提供师兄师姐的获奖调研报告或参赛作品作为参考和借鉴,引导学生写出更高水平的调研报告。

4. 参加大赛环节

每年一度的调研报告大赛是当年江苏中小企业景气指数调研成果的总结、展示和交流。每年都有很多学生积极组建团队报名参加这一赛事,通过凝练调研报告,制作精美的PPT,模拟汇报等,进一步提升专业素养,并助推调研报告的整体专业水平逐年提高,一大批学生在竞赛中脱颖而出,取得优异成绩。冠军团队还代表南京大学参加江苏省或全国高校的同类别竞赛,取得诸多高级别荣誉和奖项,硕果累累,充分展现了南京大学本科生的风采,也充分显现这一应用型创新型人才培养平台的高质量和高水平。

5. 凝练论文环节

获得调研报告大赛二等奖以上的作品,将在老师的指导下进一步打磨和凝练后,收录到南京大学出版社出版的年度《江苏中小企业生态环境评价报告》的专题调研报告栏目中,或争取投稿到较高水平的刊物上发表。这一环节能激励学生进一步提升专业素养。

四、确立专业志向

　　我国大学招生制度的录取环节中,考生的专业志向是录取的重要依据之一。但很多考生进校后对自己所学专业是模糊不清的,更谈不上专业志向。参加中小企业景气指数调研,通过本课程的学习,深入中小企业调研,撰写调研报告,参加调研报告大赛,发表学术论文等不同环节的历练,不断积累和丰富专业知识,完善专业知识结构,发现有兴趣的专业热点问题,引起更广泛更深入的思考,这些兴趣和思考会潜移默化地和自己未来的专业志向联系起来,这些都有助于明晰和确立自己未来的专业发展志向。

第四节

企业调研的"责任"

"责任"是我们非常熟悉的且时常挂在口头上的用词。"责任"是人基于社会角色而产生的义务。人生在世要尽各种各样的责任,比如,作为父母,有尽父母的责任;作为官员,有尽人民公仆的责任;作为军人,就要有保家卫国的责任;若要报名参加中小企业调研,就要尽高质量完成调研任务的责任。"责任"是职责所系,是义务所需。勇于承担责任,是个人道德品质高尚的体现,也是立身处世的准绳。美国思想家拉尔夫·沃尔多·爱默生(Ralph Waldo Emerson)认为:"责任具有至高无上的价值,它是一种伟大的品格,在所有价值中它处于最高位置。"也就是说,我们做任何工作,责任心必须是放在第一位的,从重要性看,"责任"是最基本的职业精神,也是永恒的职业精神。

一、"态度"与"责任"

如前所述,本课程所指的"态度"是对"中小企业景气指数调研项目"的看法和采取的行动。由此可见,这时的"态度"亦是责任感。常言道,态度决定一切,企业调研的态度决定调研成果质量的优劣。

如果"态度"上出了问题,没有意识到这一项目意义和责任重大,只是抱着"混学分",或"走过场"的态度参加企业调研,就不会有"吃苦耐劳"或"打硬仗"或迎接挑战或出"精品"的心理准备,就不会有如实、规范和认真发放回收问卷的责任感,就有失守诚信底线的可能性,就可能出现假问卷、假数据、假材料,假结论等投机取巧行为,或怕麻烦而对一些本应核实的数据"蒙混过关"等等;也有这样的情况,既能认识到这一项目的重要意义和责任重大,又愿意在项目中接受历练,但经过一段时间调研,遇到诸多困难后,由于没有完成所规定的调研任务,有"前功尽弃"且拿不到预期学分的预期时,责任感动摇了,诚信底线失守了,采取了自己代填问卷等作假行为。这也表明,企业调研的"态度"和"责任"不是口头上说说而已,是要经受考验的。

因此,强化参与这一项目应有的荣誉感和责任感尤为重要。每一位参与者都要有责任有担当,在调研中的每一环节都要尽力尽责。"态度"和"责任"体现和反映在每一个细节每一个"小事"上,看你能否做好或做得更好。比如,在课程学习环节,用心学习消化企业调研相关知识和理论,熟练掌握数据处理和统计分析技能;在学习期间就要提前联络父母亲友和同学以及各种人脉关系,收集落实家乡中小企业资源,因为这些企业的企业家愿否接待和填写问卷,是问卷调研成败和问卷真实有效的关键;在赴中小企业调研中的填写问卷环节,对问卷受访人可能提出的与问卷内容相关的问题,能够自信、准确和简洁的解答,并善于把握好这一难得的请教、学习和交流的机会,尽可能争取到企业车间或经营管理部门参访学习的机会,了解更多的企业发展相关信息,为写深度调研报告收集更多的第一手资料;在问卷整理、数据处理分析和撰写调研报告环节,能有意识有准备地在调研报告选题、研究视角、论述主线和结构设计、相关数据处理、数据分析、现状分析、问题分析、应对之策等方面力求严谨、独到、新意和研究价值;在调研报告大赛环节,一遍遍地打磨凝练报告,设计制作画面精美、内容富有创意、结构和逻辑严密的PPT,力求创新和追求精品;若是组建团队参赛,作为团队成员,能够各司其职,主动全力地完成好自己所承担的任务;而不能出名不出力,出工不出力,只为"沾个光"或"搭便车"混个荣誉等等。

当每一个参与者"态度"到位了,责任意识增强了,问卷数据必然真实有效,景气指数和生态环境评价研究必然真实、客观和严谨,这一最终成果——由南京大学发布的江苏中小企业景气指数及江苏中小企业生态环境评价报告的公信力和权威性就有可靠保障。

二、"诚信"与"责任"

"诚信"既属于道德伦理学、心理学等文化范畴,是一种"态度";也属于经济学、法学、政治学、管理学等范畴,是一种"责任";都体现为职业精神。一个诚信的人必然是一个具有责任感的人,一个诚信的企业必然是一个具有社会责任感的企业,一个诚信的社会也必然是一个敢于负责的社会,一个诚信的政府,必然是能把责任放在第一位的政府。我们南京大学企业生态研究中心是一个坚守诚信的研究机构,社会责任放在首位,维护研究成果的公信力,就是社会责任的具体体现。

也就是说,以中小企业景气指数和中小企业生态环境评价为研究对象并实时发布相关信息(指数和评价报告),这些信息必须是充分、真实和客观有效的,这是研究中心肩负的社会责任,这个责任必须以诚信为基础,诚信是责任的前提。

每年暑期研究中心都组织 400~500 余名师生赴中小企业开展景气指数调研,发放、回收、处理和统计分析问卷 4 000~5 000 余份,诚信(求实、严谨)将贯穿于分工、合作的全过程,要求人人诚信、事事诚信、数据诚信,以确保最终信息的诚信。显然,这是一个系统工程,要求每一位参与者、每一个团队、每一个报告撰稿人在每一环节都有强烈的诚信意识和责任意识,来不得半点虚假,以确保所提交的成果真实可靠和严谨。

为此,研究中心制定必要的监督、约束和激励规则或机制,比如,诚信规则,甄别问卷和数据真实性的机制,对作假失信行为的教育和惩戒机制,调研激励机制和对高质量成果的奖励机制等等。这些都是研究中心坚守"诚信"的制度保障。

三、"专业"与"责任"

"态度"和"诚信"是研究成果公信力的基础,是"责任"的前提;而"专业"是成果质量或水平的基础,也是"责任"所追求的目标——高质量的精品。

一般而言,专业知识的学习、吸收消化、构建和积累的过程,是专业素养变化和提升的过程。参加企业调研能够强化专业意识,完善专业知识结构,提升专业素养,这些收获将体现在问卷处理、数据统计分析、结果的分析论证、观点和结论的凝练等方面;从细节看,具体到调研报告的字里行间,比如用词是否"达意",表述是否"到位",数据分析和论述逻辑是否严谨,观点和结论是否客观全面等等。

因此,个人的调研成果是否"专业",取决于调研过程中的专业意识和专业素养,取决于追求"专业"的动力和责任;团队或集体的调研成果是否"专业",取决于主持人与团队成员的专业素养、合作协同能力和追求卓越的动力;不论是个人或是团队成员,通过企业调研提升的专业素养,都能为创新创业计划的制定和实施奠定坚实的基础;这个"专业"要求,是财经类应用型特色人才培养的终极目标之一,也是研究中心人才培养的责任要求。

"态度""诚信""专业"和"责任"都是"职业精神"的具体体现,都是确保企业调研成果质量的必要条件。

本章小结

为确保研究中心主持的调研项目"江苏中小企业景气指数和江苏中小企业生态环境评价研究"的公信力,需要深度理解参与调研的"态度""诚信""专业""诚信"这4个关键词。

对调研所持的"态度",建立在对调研的项目背景、项目意义、项目的人才培养价值深刻认识的基础之上,"态度"是确保调研质量和成果公信力的前提。

理解"诚信"需要意识到信息的重要性。研究中心发布中小企业景气指数和中小企业生态环境评价报告,就是向市场披露中小企业发展态势的真实信息,信息决定中小企业资源配置的效率,而"诚信"是确保信息真实的前提,也是确保指数研究和生态环境评价研究公信力的前提。

荷兰船长巴伦支的故事折射荷兰信用文化的特征。中荷两国的信用文化存在很大差异。因我国国情的特殊性,在现阶段,"信用缺失"现象依然广为存在,主要成因有:(1) 我国没有信用(基于契约的信用)的制度土壤。(2) 信用法律和信用制度建设严重滞后。(3) "关系型社会"进一步强化了对信用的轻视。(4) 政府信用制度建设严重滞后。(5) 诚信教育体系缺失。

由于信用教育缺失和信用缺失问题在大学校园里普遍存在,中小企业景气指数调研项目面临严峻考验。还有一个问题是我国不同阶段学校教育中现行的评优评奖机制有明显缺陷,其结果培养出一批批"精致的利己主义者"。上述两方面的问题促使我们对人才培养目标的深度思考,亟待改革。南京大学校训及人才培养目标都把"诚信"视为中国传统文化的精神内核,是首要行为准则和最高道德规范。由此,对经济类、管理类专业的学生,做"诚信"的人是最基本的要求,是底线要求;在此基础上是"情怀要求",即做一个有情怀的人;最高层次是"初心与使命"要求,这既是南京大学校训中的"雄伟"要求,也是对共产党员的要求。

本课程的"专业"要求,特指学生通过企业景气指数调研的历练,要对所学专业有一个全面的认知,进而强化专业意识,完善专业知识结构,提升专业素养,明确专业志向。这些都是塑造职业精神和确保调研质量应具备的条件。

"责任"是人基于社会角色而产生的义务。要参加中小企业景气指数调研,就要尽高质量完成调研任务的责任。"责任"是最基本的职业精神,也是永恒的职业精神。

第六章

数据的基本统计分析

　　本章主要介绍如何应用科学的手段对搜集到的数据进行加工和整理,并从这些复杂纷繁的数据中,探索其数据特征、数据关系以及变动趋势并得出结论,并应用统计语言去解释这些结论,以达到对客观现象更正确、更深刻的认识。

第一节

数据和数据展示

一、数据的分类

(一) 按照数据的计量尺度划分,分为定性数据和定量数据

1. 定性数据:常用文字描述,其计量结果表现为类别,又可以分为定类数据和定序数据。定类数据是按照客观对象的某种属性对其进行平行的分类,若用数据表示,该数据仅作为各类的代码,度量各类之间的类别查,不反应各属性之间的优劣、量的大小或顺序。比如被调研企业的企业规模类型大、中、小、微型分别计量为1、2、3、4等。定序数据,又称为顺序数据,它是对客观对象各类之间的等级差或者顺序进行测度的数据。

2. 定量数据:比定序数据的计量尺度又高一级,是对客观对象进行计量的结果,表现为具体的数值。可以分为连续型和离散型。连续型变量是在一定区间内可以任意取值的变量,其数值是连续不断的,无法一一列举。例如,企业的资产总额、企业的存续年龄、企业的营业收入等。离散型变量是指变量的数值只能用计数的方法取得,其数值可以一一列举,例如被调研的企业数据、企业的员工人数、企业的融资渠道个数、企业取得的国际认证数量等。

(二) 按照对客观对象观察的时间状态划分,分为时间序列数据、横截面数据和面板数据

1. 时间序列数据:又称之为动态数据,它指的是对同一个客观对象在不同时间的数量表现进行观察而获取的数据,展现不同时间段数据的变化,如下表6-1

中 2014~2015 年江苏省中小企业总体运行状况、企业综合生产经营状况的数据，就属于时间序列数据。

表 6-1　2014~2015 年江苏省中小企业总体运行状况、企业综合生产经营状况

指标	2014 年	2015 年
总体运行状况	125.5	119.3
企业综合生产经营状况	117.9	120.9

2. **横截面数据**：又称为静态数据，它是在同一个时间对不同的对象的数量表现进行观察而获得的数据，代表的是某一个确定的时间段各相关数据的数值。如 2018 年江苏省 13 地市中小企业景气指数(表 6-2)。

表 6-2　2018 年江苏省 13 地市中小企业景气指数

景气指数	2018 年
南京	116.4
无锡	113.9
徐州	109.2
常州	109.9
苏州	115.3
南通	110.2
连云港	112.5
淮安	109.8
盐城	113.6
扬州	114.3
镇江	108.3
泰州	114.1
宿迁	106.8

3. **面板数据**：时间序列中不同时间的横截面数据的集合，即按照时间序列展开的截面数据集合。如表 6-3 所示的 2018~2019 年江苏省 13 地市景气指数。

表 6-3 2018～2019 年江苏省 13 地市景气指数

景气指数	2018 年	2019 年
南京	116.4	114.0
无锡	113.9	113.5
徐州	109.2	110.6
常州	109.9	111.6
苏州	115.3	115.1
南通	110.2	111.0
连云港	112.5	112.2
淮安	109.8	105.6
盐城	113.6	113.1
扬州	114.3	113.2
镇江	108.3	111.4
泰州	114.1	112.8
宿迁	106.8	107.6

二、统计指标的分类

统计指标是反映统计总体数量特征的范畴，其相应的数值是指标值。统计指标的分类如下。

（一）按照表现形式划分可以分为总量指标、相对指标和平均指标

总量指标是以绝对数形式表现的指标，比如统计企业的资产总额。相对指标是以相对数形式表现的指标。平均指标是以平均数形式表现的指标。

（二）按性质和内容分，可以分为数量指标和质量指标

数量指标是反映现象规模大小或数量多少的指标。质量指标是反映现象数量关系或一般水平的指标。

（三）按时间状况分，可以分为静态指标和动态指标

静态指标是说明现象一定时间上数量特征的指标。动态指标是说明现象不同时间上发展变化的指标。

三、数据展示

（一）数据的输入

前面章节已经阐述过。

（二）数据的有效性检查

数据有效性是对单元格或单元格区域输入的数据从内容到数量上的限制。对于符合条件的数据，允许输入；对于不符合条件的数据，则禁止输入。这样就可以依靠系统检查数据的正确有效性，避免错误的数据录入。在 excel 里面，可以利用"数据—数据工具—数据有效性"设定条件进行检查。

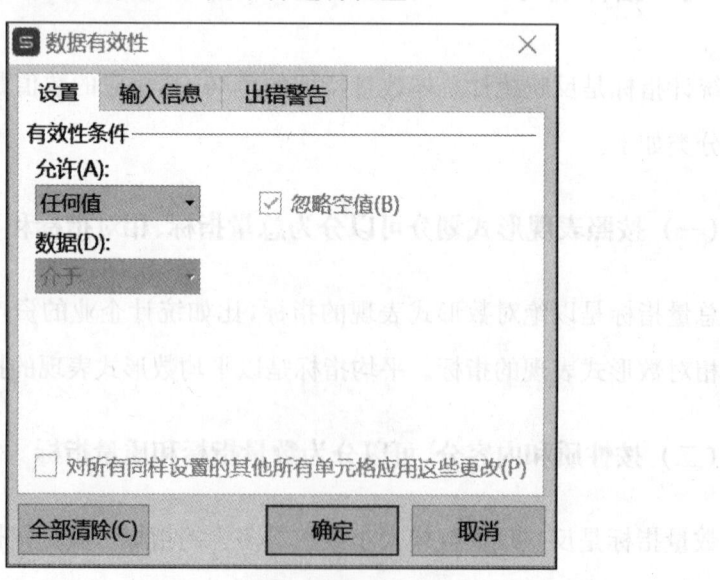

图 6-1 数据有效性检查

(三) 单元格的引用

引用分为绝对引用和相对引用。

例如：＝＄B＄4＊B8＋＄B＄5＊C8＋＄B＄6＊D8

＄B＄4、＄B＄5、＄B＄6是绝对引用,B8、C8、D8是相对引用。

四、数据透视表和数据图表

(一) 数据透视表

数据透视表是一种对大量数据进行快速汇总和建立交叉列表的交互式工具。可使用数据透视表汇总、分析、浏览和呈现汇总数据。数据透视图通过对数据透视表中的汇总数据添加可视化效果来对其进行补充,以便用户轻松查看数据的类型和趋势,进行比较、分类汇总、计算等。我们可以根据需要,随时把数据库中的数据重新排列、组织、计算,形成新的数据透视。在 excel 中可以利用"插入—表—数据透视表"实现。

	A	B	C
1	行标签	计数／企业类型	计数／主要产品1
2	CZ	480	479
3	HA	199	199
4	LYG	272	253
5	NJ	739	737
6	NT	636	633
7	SQ	373	371
8	SZ	501	501
9	TZ	412	407
10	WX	383	383
11	XZ	432	429
12	YC	211	211
13	YZ	397	397
14	ZJ	390	390
15	总计	5425	5390

图 6－2　数据透视表

（二）统计表

1. 统计表的概念及分类

统计表是经过整理的统计数据的表格，是以纵横线条交织而成的表格来系统地表现统计资料的一种形式。从表的形式上看，一般包括总标题、横向标题、纵向标题和指标数据四个部分（见表6-4）。按用途分为调查表、整理（汇总）表、分析表。按统计数列性质分为空间数列表、时间数列表、时空数列结合表。按主词分组情况分简单表和分组表，简单表是主词未经任何分组的统计表。分组表分为简单分组表、平行分组表、复合分组表。

表6-4 样本的产业类型构成

产业类型	2014 数量	2014 百分比	2015 数量	2015 百分比
第一产业	20	0.6%	232	4.2%
第二产业	2 647	76.1%	3 493	64.2%
第三产业	814	23.4%	1 714	31.6%
合计	3 481	100.0%	5 439	100.0%

2. 统计表的意义

统计资料的表现形式有统计表、统计图和统计报告。统计表是表现统计资料的基本形式，在统计工作中最为常用。其优点有：

（1）统计表能使统计资料的排列条理化、系统化、标准化，一目了然；

（2）统计表能科学合理地组织统计资料，便于阅读、对照比较和分析。

一份设计好的统计表往往胜过长篇文章。

3. 统计表的制表规则

一般原则：科学、实用、简明、美观。

具体要求（注意事项）：

（1）标题简明　　（2）排列有序

（3）布局合理　　（4）线条清晰

(5) 标明单位　　　(6) 编写序号

(7) 书写工整　　　(8) 表外注释

(三) 统计图

统计图是用点的位置、线段的升降、直条的长短、面积的大小等来表达统计数据的一种形式。统计图比统计表更能直观的表达资料的特征。常见的统计图有直条图、累计频率分布图、线图、圆图、直方图等。

1. 直条图

直条图用相同宽度的直条长短表示相互独立的某统计指标值的大小。直条图可以选择横放式和竖放式，根据层次关系有单式直条图和复式直条图。复式直条图常用来表示不同项目之间的数量关系。

在 excel 里面可以利用"插入—图表—柱形图"实现，如图 6-3 所示。

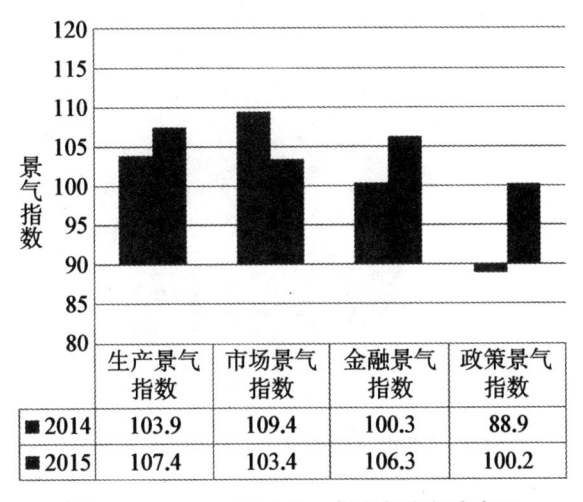

图 6-3　2014～2015 年二级景气指数直条图

2. 堆积百分比柱形图

堆积百分比柱形图是以矩形总长度作为 100%，将其分割成不同长度的段表示各部分的比例。通常用来表示不同系列数据占总量的比。Excel 操作步骤与直条图类似，如图 6-4 所示。

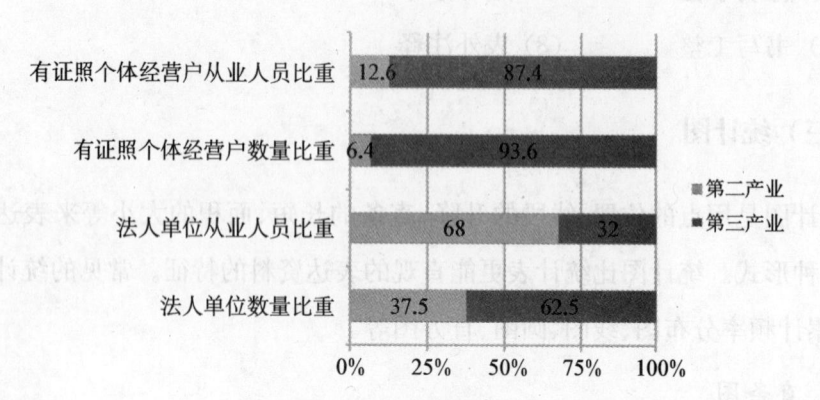

图6-4 "法人单位与有证照个体经营户数量与从业人员比重"堆积百分比柱形图

3. 饼图/圆图

饼图/圆图是以圆形总面积作为100%,将圆分割成若干个扇面表示内部各构成部分所占的比例,如图6-5所示。

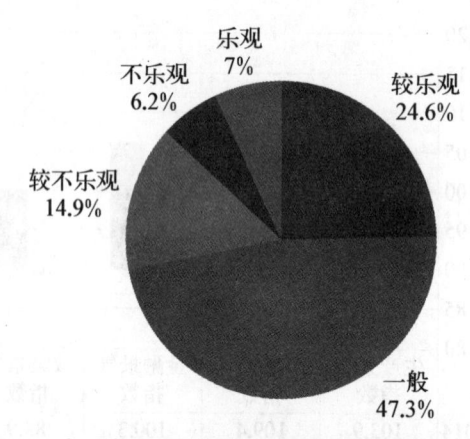

图6-5 2015年江苏中小企业管理者对总体经济运行状况的评价

4. 折线图

折线图是用线段的升降来表示数值的变化,适合于描述某统计量随另一连续性变量变化而变化的趋势,常用于表示数据随时间或项目不同的变化,如图6-6所示。

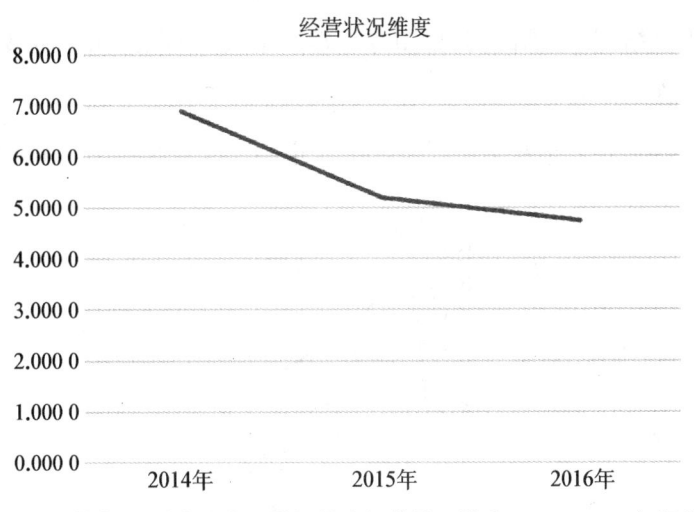

图 6-6　江苏省 13 地市生态环境评价中经营状况维度 2014～2016 年评分变化

5. 散点图

散点图是指在数理统计回归分析中,数据点在直角坐标系平面上的分布图,散点图主要的构成元素有:数据源、横纵坐标轴、变量名、研究的对象。散点图表示因变量随自变量而变化的大致趋势,由此趋势可以选择合适的函数进行经验分布的拟合,进而找到变量之间的函数关系。常用于表示两个变量数值之间的相关关系。如图 6-7 所示江苏省中小企业景气调研样本中,样本企业的资产总额与主营业务收入之间的散点图。

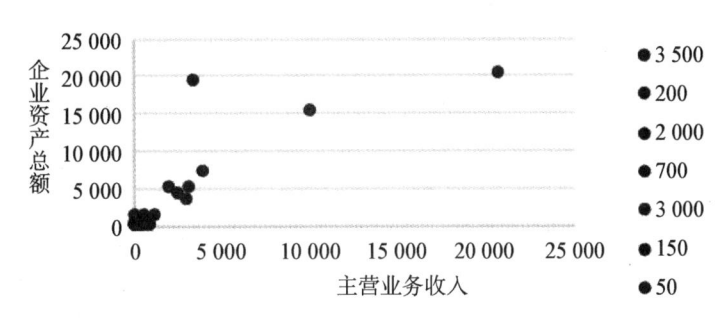

图 6-7　资产总额与主营业务收入散点图

6. 雷达图

雷达图是以从同一点开始的轴上表示的三个或更多个定量变量的二维图表的形式显示多变量数据的图形方法。最初是日本企业界为评估综合实力而采用的一种综合评价方法。按这种方法所绘制的财务比率综合图状似雷达,故得此名。雷达图又被称为网络图、蜘蛛网图、星图等。常用来表示两组变量相应数值的比较或者同一个变量在不同指标之间的分布是否均衡。

如图6-8中2014年和2015年江苏13市中小企业生产景气指数雷达图。

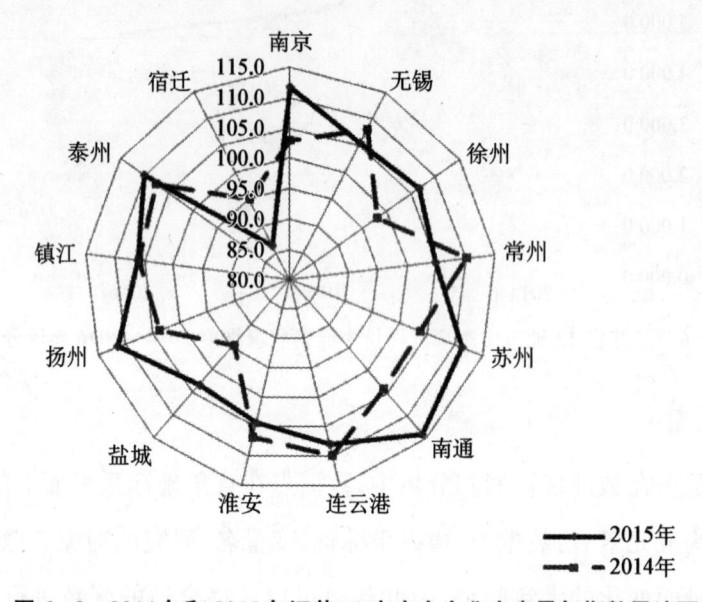

图6-8 2014年和2015年江苏13市中小企业生产景气指数雷达图

第二节

统计分析

一、统计分组

(一) 统计分组的概念

统计分组是根据研究对象的特点和研究目的,按照一定的标志将总体划分为若干不同性质的组成部分的一种统计方法。其实质是在统计总体内部进行的一种定性分类。

统计分组同时具有两方面的含义:

① 对总体而言是"分",即将总体区分为性质不同的若干部分;

② 对个体而言是"组"(合),即将性质相同的总体单位组合起来。

(二) 统计分组的方法

统计分组的关键在于合理选择分组标志和划分各组界限。确定分组的依据就是选择分组的标志,它是划分组别的标准,通常根据统计研究的目的来选择分组标志,并选择最能反映事物本质的标志来进行分类。划分各组界限,就是在分组标志的范围内,划分相邻各组的性质界限和数量界限。统计分组可以划分社会现象的不同类型、反映现象总体的内部结构、分析现象之间的相互依存关系等。

如按企业类型将被调研企业样本分为大、中、小、微四个组进行分析;也可以按被调研地区分组分析;也可以按产品销售范围进行分组,分为国内市场组、国际市场组等。

（三）统计分组的两项基本要求

① 保持组内同质性；② 显示组间差异性。

（四）统计分组应遵循两个原则

① 互斥原则：一个单位只能分配到一个组内；

② 穷举原则：使所有单位都有组可归。

图 6-9 是统计分组的一个示例，按照地区分为苏南、苏中、苏北 3 组，分别统计每一组 2014—2015 两年的景气指数。

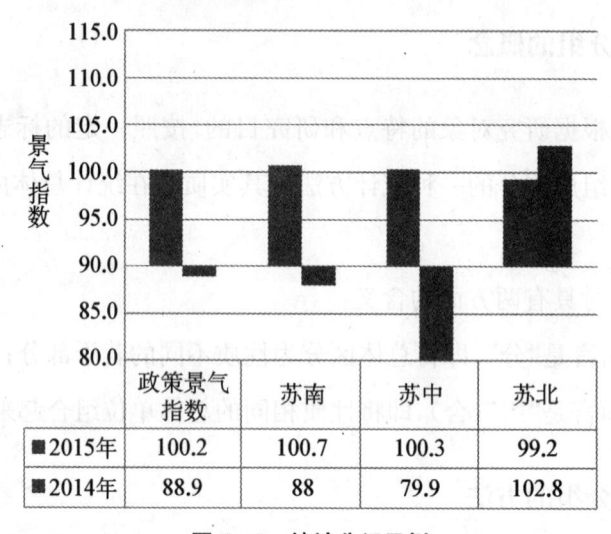

	政策景气指数	苏南	苏中	苏北
2015年	100.2	100.7	100.3	99.2
2014年	88.9	88	79.9	102.8

图 6-9 统计分组示例

二、分配数列

（一）分配数列

分配数列是将总体中的所有单位按照某一个标志分组后，并按照一定顺序排列形成的单位数在各组之间的分组，又称之为次数分布数列，即将总体单位进行归组整理编制而成的一种反映总体单位数在各组之间分配状况的统计数列。分布在各组的总体单位数叫作次数或频数。各组次数与总次数之比叫作比率或频率。次数的分布数列由各组名称(或变量值)与各组单位数(次数)两部分构成,如图6-5所示。

表6-5 次数分布数列示例

企业类型	数量	比重
中	500	50%
小	150	15%
微	350	35%
合计	1 000	100%

(二) 次数和频率的作用

1. 次数分配数列既是统计整理结果的重要表现形式,也是统计分析研究的基础。

2. 分配数列中,次数和频率的主要作用:

(1) 表明总体各组在总体中的强弱程度。

(2) 反映总体单位数在各组之间的分配状况,即总体分布特征。但在异距分组情况下,需利用"次数密度"来消除组距不同对次数分布的影响。

次数密度即单位组距内分配的次数。

计算公式:次数密度=某组次数÷该组组距

(3) 用以计算累计次数和累计频率,更为概括地反映总体分布的特征。

累计次数(或频率)是将各组次数(频率)从较小组或较大组开始累计,至某一组的总次数(总频率)。

累计次数(频率)有"向上累计"和"向下累计"之分,其累计方法和意义各不相同。

3. 累计次数和累计频率。

向上累计次数(频率)也称较小制累计,是将各组次数(或频率)由最小组向最大组累计,各项累计数表明各组上限以下的总次数(总频率)。

向下累计次率(频率)也称较大制累计,是将各组次数(或频率)由最大组向最小组累计,各项累计数表明各组下限以上的总次数(总频率)。

(三) 次数分布图

次数分布图是用来直观地显示组距数列次数分布状况的几何图形。有直方图、折线图、曲线图、条形图、圆形图等。

1. 直方图

直方图是用直方形的宽度和高度(实际是用矩形的面积)表示次数分布的图形。

直方图的绘制:平面直角坐标系的横轴标记组限,左纵轴标记次数,右纵轴标记频率;根据各组的组距宽度和次数高度绘成直方图。

次数分布直方图分为等距数列分布图和异距数列次数分布图。

等距数列,可以直接根据次数的多少绘制直方图。如图 6-10 所示。

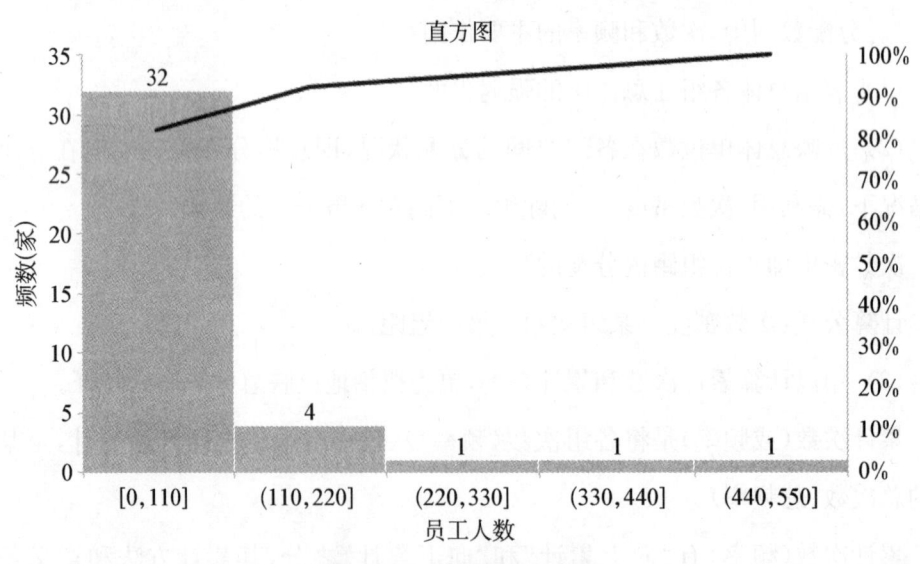

图 6-10 等距数列分布图

异距数列的次数分布图:异距数列的次数分布受组距不同的影响,为了消除其影响,应根据次数密度来绘制。

表 6-6

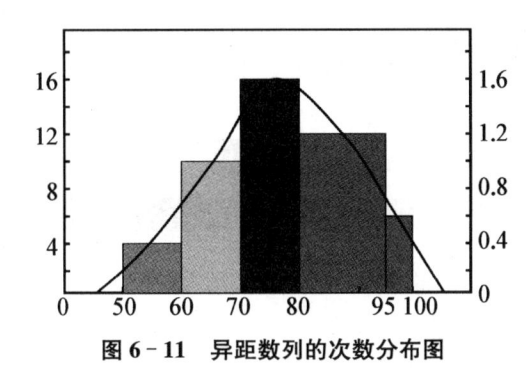

指数区间	比重	预警状态
150～200		运行状况良好
90～150		运行状况平稳
50～90		预警
20～50		报警
0～20		加急报警

图 6-11 异距数列的次数分布图

2. 折线图

折线图是以折线的起伏来表示次数分布的几何图形。绘制折线图,可以在直方图的基础上,把直方图顶部的中点用直线连接而成;也可以用组中值与频数求坐标点(即散点图)接连而成。注意:异距数列要用组中值与次数密度求坐标点。

3. 曲线图

曲线图是以曲线的起伏来表示次数分布的几何图形。曲线图实际上是在组数无限增多、组距无限缩小的情况下,折线图变得越来越平滑而趋近于曲线。曲线图的绘制方法与折线图基本相同,只是在连接各坐标点时,要使用平滑的曲线而已。

4. 条形图

条形图是用宽度相同的条形的高度或长度来比较事物的大小多少和发展变化的图形。条形图按放置方向,分为带形图和柱形图。带形图是各分类在纵轴,图形横置。柱形图是各分类在横轴,图形竖立。条形图与直方图不同,绘制时各条形之间留有间隔,间隔距离以条形之半为宜。条形图可用来表示品质数列的次数分布,如下例所示:

表6-7 融资渠道个数分布

融资渠道数量	企业数	频率%
1	3	9.7
2	10	32.3
3	13	41.9
4	4	12.9
5	1	3.2
合计	31	100

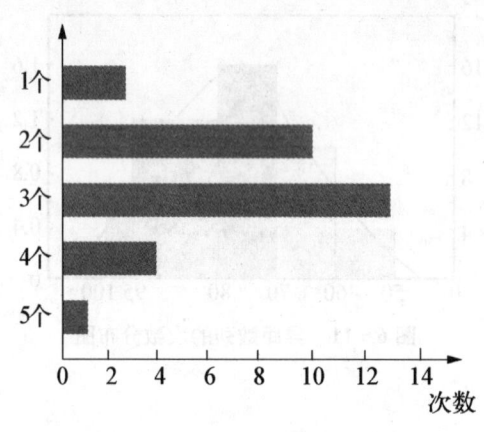

图6-12 融资渠道个数分布图

5. 圆形图（饼图）

圆形图是用圆形和圆内扇形面积的大小来表示数值大小的几何图形。用来表示次数分布的圆形图，称为圆形结构图。绘制圆形结构图，关键是在圆内划分扇面。划分时，根据各部分占总体的比重，计算出各扇面的角度数。计算方法：

某组扇面应分角度数＝360×该组比重％

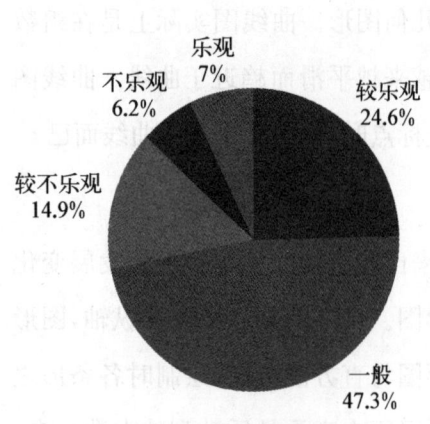

图6-13 饼图示例

（四）数据频数的分布形态

不同性质的社会经济现象往往有着不同

的次数分布,一般来说,次数分布主要有以下三种类型:钟形分布、U型分布和J型分布。

1. 钟形分布

特征是"两头小、中间大",即越靠近中间的数值分布的次数越多,越靠近两端的数值分布的次数越少。如图6-14所示。

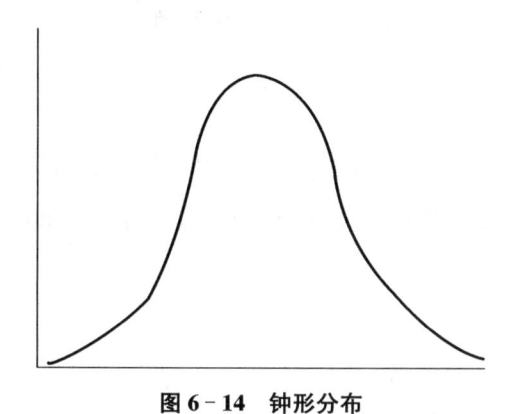

图6-14 钟形分布

钟形分布又可以分为对称分布和偏态分布。对称分布:若各组段的频数以中心位置左右两侧大致对称,就称为对称分布。偏态分布又分为右偏态分布和左偏态分布两种。

(1) 右偏态分布:右侧的组段数多于左侧的组段数,频数向右侧拖尾。如图6-15所示。

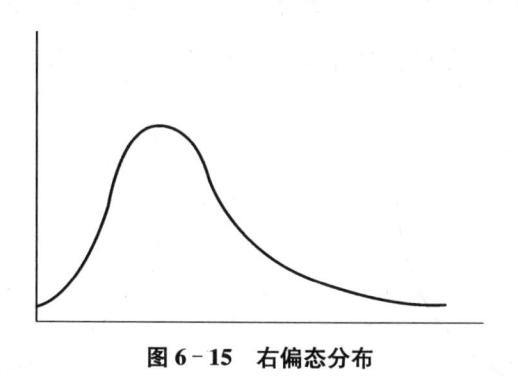

图6-15 右偏态分布

(2) 左偏态分布:左侧的组段数多于右侧的组段数,频数向左侧拖尾。如图6-16所示。

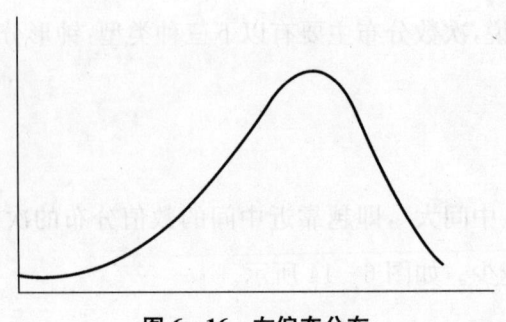

图 6-16　左偏态分布

2. U 型分布

与钟形分布恰好相反，U 型分布是靠近中间的变量值的分布次数少，靠近两侧的变量值的分布次数多，即"两头大，中间少"，像字母 U。如图 6-17 所示。

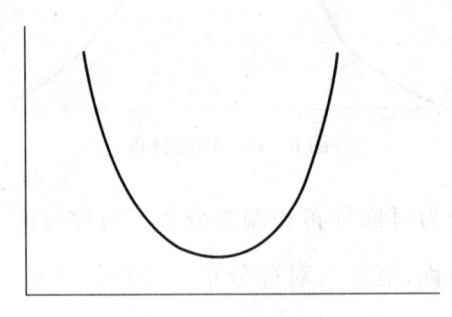

图 6-17　U 型分布

3. J 型分布

J 型分布有两种，正 J 型分布是分布次数随着变量值的增大而增大，反 J 型分布是分布次数随着变量值的增大而减少。如图 6-18 与图 6-19 所示。

图 6-18　正 J 型分布　　　　　图 6-19　反 J 型分布

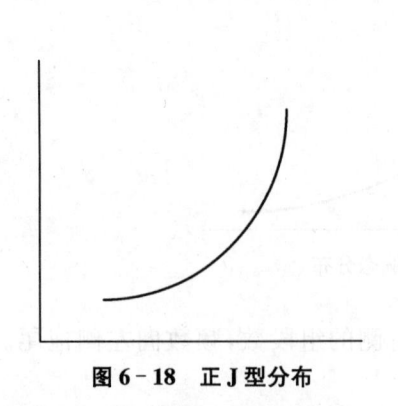

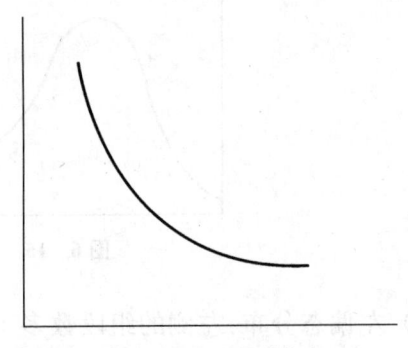

三、统计指标分析

统计指标分析是利用综合指标(总量指标、相对指标、平均指标)和其他专门方法,对统计整理结果进行再加工,以取得统计设计规定的各项指标的数据,从而认识社会经济现象的本质特征和变化规律的工作过程。

(一)总量指标

统计分析有静态分析和动态分析两种。总量指标与相对指标关系密切,经常需要结合运用。本讲侧重从静态分析角度对二者的意义、种类和计算问题进行讲述。

1. 总量指标的概念

总量指标是反映社会经济现象总体的规模或总水平的一种综合指标。其表现形式为绝对数,故又称绝对指标。如:地区 GDP、地区固定资产总额。总量指标一般是统计汇总的结果。

2. 总量指标的作用

(1)可用来反映一个国家、地区、部门或企事业单位的基本状况。因而是认识社会经济现象的起点。

(2)是制定政策、编制计划、进行科学管理的基本依据。

(3)是计算相对指标和平均指标的基础。

总量指标在性质上属于数量指标,其数值大小受总体规模大小的影响。在进行中小企业景气指数分析的时候,可以结合地区乃至整个国家经济运行的总量指标进行分析。

3. 总量指标的种类

总量指标按照总体内容可以分为单位总量和标志总量;按照时间状态可以分为时期指标和时点指标;按照计量单位可以分为实物指标、价值指标和劳动指标。

(1)总体单位总量和标志总量

总体单位总量即总体单位数,是说明总体规模大小的总量指标。总体标志总量即某一数量标志下总体各单位标志值之和,是说明总体在某一方面达到的总水平的总量指标。单位总量与标志总量的地位,会随着研究目的的不同和研究对象的变化而变化。如:"职工人数"在职工总体中是单位总量,而在企业总体中就是标志总量。正确区分两者,对理解和计算平均指标很重要。

(2) 时期指标与时点指标

时期指标(时期数)是反映时期现象在某一段时期内发展过程总数量的指标。数值靠连续登记取得;不同时期的数值具有可加性;数值大小与计算期长短有直接关系。

时点指标(时点数)是反映时点现象在某一时刻上的状况的总量指标。数值靠一次性登记取得;不同时点的数值不具有可加性;数值大小与时间间隔长短没有直接关系。

(3) 实物、价值和劳动量指标

实物指标是指采用实物单位计量的总量指标。实物单位是根据事物的自然属性或理化性能采用的计量单位。实物指标可以直接反映现象的具体内容或产品的使用价值量(优点)。但缺乏对非同类现象的综合性能,无法反映复杂现象的总规模和总水平。

价值指标是指采用货币单位(人民币元、美元、欧元等)计量的总量指标。价格是价值的货币表现,所有价值指标都要通过价格来计算。

优点:具有最广泛的综合性和概括力。局限性:① 脱离了具体事物的物质内容,比较抽象,需要和实物指标结合起来才能全面认识问题;② 受价格变动影响,做动态分析需按可比价格计算。

劳动量指标是指采用劳动时间(工时、工日等)计量的总量指标。劳动指标主要在企业范围内使用,是企业计算劳动消耗量、劳动生产率、编制和检查生产计划的重要依据。不同类型、不同经营水平企业的劳动量指标不具有可比性。

(二) 相对指标

1. 相对指标的概念

相对指标是反映社会经济现象数量对比关系的综合指标。相对指标数值的表

现形式为相对数。相对数的基本形式(三要素):

$$相对数＝比数/基数$$

相对数是一个抽象化数值,其表示方式有两种:有名数和无名数。

2. 相对指标的作用

(1) 可以表明现象间的数量联系程度

现象间的数量联系程度,可以通过结构、比率、比例、速度、程度、密度和效益等相对数,具体、明确地表现出来。

(2) 可以深入分析和说明问题

通过总量指标只能看到事物的表面。而通过相对指标所揭示出来的各种数量关系,就可以深化对现象的认识。

(3) 可以用于比较不同条件下的数量差异

3. 相对指标的种类及计算

根据对比基础和指标作用划分为六类,分别是计划完成程度相对数、结构相对数、比例相对数、比较相对数、动态相对数、强度相对数。

(1) 计划完成程度相对数

计划完成程度相对数是将现象在计划期内的实际完成数与计划任务数对比,以检查、监督计划执行情况的相对指标。因其只采用百分数表示,故也叫计划完成百分比。计划完成程度相对指标是计划管理的特有指标,在计划经济时期曾经发挥过重要作用。市场经济下,国家对国民经济实行宏观调控仍需要编制计划;企业从事生产经营活动也要制订计划。因此,计划完成程度相对指标并不过时。

计划完成程度的基本公式:

$$计划完成程度 = \frac{实际完成数}{计划完成数} \times 100\%$$

公式中的分子和分母,不可置换,且在指标含义、计算方法、计量单位及时间长度等方面完全相应。评价计划完成程度须联系计划指标的性质:产出性计划,以最低定额提出,比值>100%为好;投入性计划,以最高限额提出,比值<100%为好。计划指标可是绝对数、相对数或平均数。

(2) 结构相对数/比重

结构相对指标是在分组的基础上,将总体某一部分数值与总体全部数值对比,以反映总体内部构成状况的相对指标。计算公式:

$$结构相对数 = \frac{总体某部分数值}{总体全部数值}$$

结构相对数例子:

表 6-8 2014～2015 年调研的企业行业分布结构表

	2014 年		2015 年	
	数量	百分比	数量	百分比
第一产业	20	0.6%	17	0.3%
第二产业	2 647	76.1%	3 719	68.4%
第三产业	814	23.3%	1 703	31.3%
合计	3 481	100.0%	5 439	100.0%

(3) 比例相对数/比例

比例相对数是在分组的基础上,将总体某一部分数值与另一部分数值对比,以反映总体内部各部分之间比例关系的相对指标。计算公式:

$$比例相对数 = \frac{总体某一部分数值}{总体另一部分数值}$$

(4) 比较相对数

比较相对数是将同类现象在不同空间条件下的数值对比,以反映现象在空间上的数量差异程度的相对指标。计算公式:

$$比较相对数 = \frac{某一条件下某类指标数值}{另一条件下同类指标数值}$$

(5) 强度相对数

强度相对数是将两个性质不同但有联系的总量指标数值对比,以说明现象的强弱、稠密和普遍程度的相对指标。计算公式:

$$强度相对数 = \frac{某一总量指标}{另一性质不同而有联系的总量指标}$$

比如用主营业务收入/总资产可以分析企业的总资产周转率。

（6）动态相对数

动态相对数是将同类现象在不同时间上的数值对比，以说明现象发展变化方向和程度的相对指标。实际工作中，也叫发展速度或发展指数。计算公式：

$$动态相对数 = \frac{报告期指标数值}{基期指标数值}$$

（三）平均指标

根据总体分布特征值，我们可以将统计指标分为平均指标（反映集中趋势）和变异指标（反映离中趋势）。

1. 平均指标的概念

平均指标是反映社会经济现象数量一般水平的综合指标，其表现形式为平均数。

平均指标也有静态与动态之分。静态平均指标是反映一定时期内同类社会经济现象总体各单位标志值一般水平的综合指标。

2. 平均指标的三个特点

（1）抽象化数值。平均数不是哪一个单位的具体数值，而是抽象掉（抵消）了某一数量标志下各单位标志值之间的差异。

（2）代表性数值。平均数在所有标志值中最适中、最有代表性，因而能够代表总体各单位在某一数量标志上达到的一般水平。

（3）集中趋势值。平均数反映了总体分布的集中趋势，即在平均数周围分布的次数最多。表明大多数单位的标志值趋近于平均数，因此可以说平均数反映了总体的共性特征。

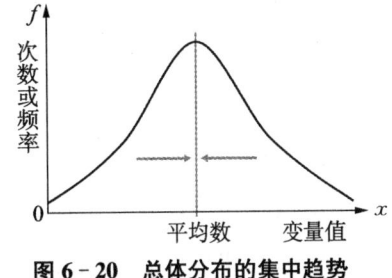

图 6-20　总体分布的集中趋势

3. 平均指标的意义

平均指标可以对现象进行比较分析，反映不同总体在空间上比较差距；反映同一总体在时间上比较变化。常用于依存关系分析（与分组法结合）、用于估计推算、用于定额管理,制定劳动定额、生产定额、消耗定额;反映生活质量、工作质量和劳动效率等。

4. 平均指标的种类

平均指标可以分为算术平均数、调和平均数、几何平均数、众数和中位数。

(1) 算术平均数是根据总体各单位标志值的算术和计算的平均数。它是计算平均数最常用的方法。算术平均数的基本公式:

$$算术平均数=\frac{总体标志总量}{总体单位总量}$$

算术平均数又分为简单算术平均数和加权算术平均数。

简单算数平均数:若所给资料是总体各单位的标志值(x),则先将各标志值简单相加得出标志总量,再除以标志值的个数,求得平均数。用此法计算的平均数称为简单算术平均数。公式:

$$\bar{x}=\frac{\sum x}{n}$$

一般当掌握的资料是总体各单位的变量值,且未经分组整理时运用。

加权算术平均数:若所给资料为一变量数列,则需要先将各组的标志值乘以次数,得出各组的标志总量,并加总出总体的标志总量,再除以各组次数之和(总次数),求得平均数。用此法计算的平均数,称为加权算术平均数。公式:

$$\bar{x}=\frac{x_1f_1+x_2f_2+\cdots+x_kf_k}{f_1+f_2+\cdots+f_k}=\frac{\sum xf}{\sum f}$$

式中:k 为组数,f 为各组次数,x 为各组标志值(组距数列以组中值代替)。适用于当总体单位数较多,统计资料需要整理成变量数列时。

(2) 调和平均数:调和平均数是各个标志值倒数的算术平均数的倒数,故又称倒数平均数。它是在已知标志值和标志总量而无总体单位数时,计算平均数的一种变通方法。调和平均数分为简单调和平均数和加权调和平均数。

简单调和平均数:当各标志值对应的标志总量为 1 或相等时,采用简单调和平均法计算平均数。

由定义可得公式：

$$H = \frac{1}{\dfrac{\dfrac{1}{x_1}+\dfrac{1}{x_2}+\cdots+\dfrac{1}{x_n}}{n}} = \frac{n}{\sum \dfrac{1}{x}}$$

加权调和平均数：当各标志值对应的标志总量不等时，存在权数问题，应以标志总量(m)作权数，对标志值的倒数进行加权，计算加权调和平均数。公式：

$$H = \frac{m_1+m_2+\cdots+m_k}{\dfrac{m_1}{x_1}+\dfrac{m_2}{x_2}+\cdots+\dfrac{m_k}{x_k}} = \frac{\sum m}{\sum \dfrac{m}{x}}$$

一般而言，已知相对指标的分母资料，可将其作为权重，采用加权算术平均法，已知相对指标的分子资料，可将其作为权重，采用加权调和平均法。

(3) 几何平均数

几何平均数是 n 个变量值连乘积的 n 次方根。几何平均数是计算平均比率或平均速度最常用的方法。这是因为几何平均数的数学性质与社会经济现象的平均比率和平均速度形成的客观过程相一致。凡是各变量值的连乘积等于总比率或总速度的情况，都适合用几何平均法计算平均比率或平均速度。几何平均数也有简单与加权之分。

简单几何平均数公式：

$$G = \sqrt[n]{x_1 \cdot x_2 \cdots x_n} = \sqrt[n]{\prod X}$$

加权几何平均数公式：

$$G = \sqrt[\sum f]{x_1^{f_1} \times x_2^{f_2} \times \cdots \times x_n^{f_n}} = \sqrt[\sum f]{\prod x^f}$$

(4) 众数

所谓众数指的是研究的变量数列中最大次数的变量值。单项数列的众数的确定非常容易，次数较多的组的标志值就是众数。有时会出现复众数。

组距数列的众数。需要先确定众数组,再在众数组内按比例推算出众数的近似值。只有在总体单位数充分多且又明显的集中趋势的时候,求众数才有意义。

(5) 中位数 Me

中位数是将总体各单位标志值按大小顺序排列,居于中间位置的标志值。未分组时,先把单位标志值按照大小顺序排列,如果总体单位数为奇数时,处于 $(n+1)/2$ 位置的标志值就是中位数;如果总体单位数为偶数时,中位数就是处于 $n/2$ 和 $n/2+1$ 位置的标志值的平均数。

【例1】5、6、7、8、9,$Me=7=\bar{x}$

【例2】1、2、3、10、15,$Me=3\neq\bar{x}=6.2$

可见,在均匀分布时,中位数有较高的代表性,可用来说明各标志值的一般水平。

中位数的大小,只取决于中点位置,也不受极端数值的影响。

(四) 变异指标

1. 变异指标的概念

变异指标是反映总体内部的离中趋势或者变异状况的统计指标。静态变异指标是反映总体各单位标志值差异程度的指标,故又称标志变动度。如果说平均指标反映的是总体共性和变量分布的集中趋势,那么变异指标所反映的正是总体的差异性和变量分布的离中趋势。二者结合运用,才能全面地描述总体的数量特征。

2. 变异指标的作用

变异指标是用来衡量平均指标代表性的依据;可以反映社会经济活动的均衡性、稳定性;可以用来研究总体标志值分布偏离正态的情况;是资产风险度量的重要指标;也是选择抽样方式进行抽样推断等统计分析的重要指标。

3. 变异指标的种类及计算

常见的变异指标有极差、平均差、方差、标准差、变异系数等。

(1) 极差/全距 R

极差是总体各单位标志值中两个极端数值之差,也称变异全距,简称全距。它

是最简单的变异指标,表明总体中标志值变动的范围。公式如下:

$$R = X_{\max} - X_{\min}$$

极差虽然计算简单,但是缺点是没有考虑中间变量值的差异,且容易受极端值的影响,代表性较差。

(2) 平均差 A.D

平均差是总体各单位标志值与其算术平均数离差绝对值的算数平均数。对于未分组数据,可以使用简单平均差,计算公式如下:

$$A.D = \frac{\sum |x - \bar{x}|}{n}$$

对于分组资料数据,可以使用加权平均差,公式如下:

$$A.D = \frac{\sum |x - \bar{x}| f}{\sum f}$$

平均差虽然受极端值影响较小,能够准确反映总体离差程度的大小,但是采用绝对值计算,不适合代数方法的计算,因此在实际中较少使用。

(3) 方差

方差是各个数据与其算术平均数的离差平方和的平均数,通常以 σ^2 表示。方差有简单方差和加权方差之分。对于未分组数据,可以使用简单方差,计算公式如下:

$$\sigma^2 = \frac{\sum (x - \bar{x})^2}{n}$$

对于分组数据,可以使用加权方差,公式如下:

$$\sigma^2 = \frac{\sum (x - \bar{x})^2 f}{\sum f}$$

方差采取离差平方的方法来消除离差的正负号,使离差之和不等于零,在数学处理上优于平均差。但对离差取平方,有人为夸大离差之嫌,且多数计量单位的平方没有实际意义,故少用。

(4) 标准差

标准差是总体中各单位标志值与其算数平均数离差平方的算术平均数的平方根,故又称均方根差。标准差也分为简单标准差和加权标准差。对于未分组数据,可以使用简单标准差,公式如下:

$$\sigma = \sqrt{\frac{\sum (x-\bar{x})^2}{n}}$$

对于分组数据,可以使用加权标准差,公式如下:

$$\sigma = \sqrt{\frac{\sum (x-\bar{x})^2 f}{\sum f}} = \sqrt{\sum (x-\bar{x})^2 \frac{f}{\sum f}}$$

(5) 变异系数 V

前述的极差属于绝对数,平均差和标准差属于平均数。它们有着与原数列相同的计量单位,其数值大小不仅取决于变量的离散程度,还受数列水平(即平均数)高低的影响。为了比较不同性质或不同水平数列的标志变异程度,就需要计算变异系数。变异系数(离散系数)是将极差、平均差或标准差与相应的平均数对比,以反映总体各单位标志值相对差异程度的变异指标。具体有极差系数、平均差系数和标准差系数。

极差系数公式如下:

$$V_R = \frac{R}{\bar{x}}$$

平均差系数公式如下:

$$V_{A.D} = \frac{A.D}{\bar{x}}$$

标准差系数公式如下:

$$V_\sigma = \frac{\sigma}{\bar{x}}$$

四、数据的相关分析

描述统计是通过图表或数学方法,对数据资料进行整理、分析,并对数据的分布状态、数字特征和随机变量之间关系进行估计和描述的方法。描述统计分为集中趋势分析、离中趋势分析和相关分析三大部分。

相关分析探讨数据之间是否具有统计学上的关联性。这种关系既包括两个数据之间的单一相关关系,如企业获取国际认证与企业出口之间的关系;也包括多个数据之间的多重相关关系,如企业融资便利、政府补贴、税收优惠、企业盈利水平之间的关系。相关分析是一种完整的统计研究方法,它贯穿于提出假设,数据分析,数据研究的始终。

(一) 概念

数据的统计相关性是指变量 X 与变量 Y 的数值之间可以找出统计关系。统计关系是一种数量关系,这类关系中当一个或者几个相互联系的变量取一定数值时,与之相对应的变量就会有若干个数值与之相对应,从而表现出一定的波动性。相关关系并不代表因果关系,具有因果关系的变量不一定有统计关系,有统计关系的变量也不一定有因果关系。如政府政策优惠对企业技术创新的关系,就属于相关关系,统计所研究就是这种相关关系。

(二) 相关关系的种类

1. 按照相关关系的程度划分,相关关系分为完全相关、不完全相关和不相关三种。完全相关:一种现象的数量变化万千由另一个现象的数量变化决定。不相关:两个现象彼此互不影响,其数量变化各自独立。不完全相关:两个现象之间的关系介于完全相关和不相关之间。一般的相关现象都是这种不完全相关。

2. 根据相关形式划分,可以分为线性相关和非线性相关两种形式。线性相关:当一个变量发生变动,另一个变量随之发生大致均等的变动,从图形上看,其观察点的分布近似地表现为直线形式。非线性相关:当一个变量发生变动,另一个变量也随之发生变动,但是这种变动不是均等的,从图形上看,其观察点的分布表现为各种不同的曲线形式。

对于线性相关关系,我们可以计算其线性相关系数。

(三) 线性相关系数

线性相关系数是反映两个变量之间线性统计关系的指标。线性相关系数有总体相关系数和样本相关系数。总体相关系数是反映两个变量之间线性相关程度的一种特征值,表现为一个常数,公式如下:

$$\rho = \frac{\mathrm{Cov}(X,Y)}{\sqrt{\mathrm{Var}(X)\mathrm{Var}(Y)}}$$

其中,$\mathrm{Cov}(X,Y)$ 是变量 X 和 Y 的协方差,$\mathrm{Var}(X)$ 和 $\mathrm{Var}(Y)$ 分别是变量 X 和 Y 的方差。

样本相关系数是根据样本观测值计算的,抽取的样本不同,其具体的数值也有又有所差异。

样本相关系数的计算公式如下:

$$r = \frac{\sum(X_i - \overline{X}_i)(Y_i - \overline{Y}_i)}{\sqrt{\sum(X_i - \overline{X}_i)^2(Y_i - \overline{Y}_i)^2}}$$

(四) Excel 操作

在 excel 中可以利用"数据—分析—数据分析—相关系数"实现。相关系数矩阵是一个下三角矩阵,其中对角线上分布的是变量自己对自己的相关系数,当然全部是 1。

第七章

企业调研报告的撰写与展示

　　企业调研报告是企业调研的总结和升华,是理论联系实际的调研成果。在调研报告的撰写过程中,如何选题、如何安排结构、如何采用合适的方法、如何确保学术性和规范性,是提升报告质量的关键。同时,将调研报告用适当的形式进行展示,也充满技巧与策略。本章将让你学会如何进行调研报告的撰写与展示。

第一节

企业调研报告的撰写

在完成企业问卷调研和实地调研的基础上,需要结合调研实况撰写具有学术性的调研报告,将调研内容加以升华,进行专业性的研究。

一、调研报告的要求

一份好的调研报告,需要达到以下几个要求:(1) 主题鲜明,选题有意义;(2) 结构合理,逻辑很清晰;(3) 论据翔实,论证很充分;(4) 结论明确,建议可执行;(5) 语言流程,符合规范性。

可见,调研报告需要从选题、内容、方法等各个方面着手,综合运用专业知识,结合调研企业的实际情况进行分析。

二、调研报告的写作

(一) 调研报告的选题

选题对于调研报告而言非常关键,好的选题能够深度挖掘调研所得,提升调研报告的价值。中小企业调研报告的选题一般有三种类型:

第一种,结合国内外、各地区、各行业的发展动态和发展新趋势,选择热点问题进行研究。例如,2018 年我国环境规制进一步加强,中小企业的环保压力加大,可以选择环保压力较大的行业进行深入调研;各国贸易保护主义不断加强,2019 年爆发了中美贸易战,同时我国也通过推进"一带一路"等战略进一步扩大开放,因此可以关注进出口贸易企业的发展现状问题;2020年新型冠状病毒疫情的蔓延,对我国乃至全球经济造成了巨大冲击,中小企业的生存环境发生了明显的变化,探索疫情下的中小企业发展问题就具有很强的现实意义。

第二种,结合自身的专业兴趣,选择关注并擅长的主题。例如,市场营销专业的同学可以结合新零售等模式研究中小零售企业的发展现状;金融学专业的同学可以关注中小企业的融资问题;会计学专业的同学可以关注中小企业的全面预算管理问题等。如果不同专业的学生合作组成调研团队,更是可以充分发挥各自专业的优势,让选题更深入更全面。

第三种,结合地方特色,因地制宜选择容易深入挖掘的主题。例如,南通家纺城享誉四海,南通地区的调研选题可以关注家纺行业的创新发展;江阴位居全国制造业百强县第一位,调研报告的选题可以关注制造业的发展;泰州有全国最大的医药城,调研报告的选题可以关注医药城中小企业的发展问题。

对于学生而言,选题的途径有两种,一是与指导教师进行沟通交流,在老师的指导下确定选题的意义和可行性;二是通过广泛阅读媒体和文献,找到合适的切入点。

(二) 调研报告的结构

调研报告一般由五个部分组成:

1. 调研背景及调研意义

这一部分需要说明选题的背景及选题的意义,意义可以是理论意义,也可以是现实意义,就调研报告而言要在理论上有所突破是比较困难的,一般都是指调研报告的现实意义。

2. 调研概况

这一部分需要说明调研的时间、调研的地点、调研的方式、样本企业的数量和基本的统计分布,包括样本企业的地区分布、行业分布、规模分布等。

3. 调研报告的主体

这一部分需要充分有效地利用调研数据和其他调研资料,根据调研报告的主题,采用合理的方法,运用专业知识进行深入分析,并充分阐述主题的内容。报告的分析要基于一定的理论基础,做到理论知识与实际问题相结合。

4. 结论及建议

这一部分需要在调研报告主体部分的分析基础上进行总结,得出一系列的调研结论,并根据结论提出建议。调研报告的结论要明确,要基于调研分析,不能凭空产生,也不能模棱两可。提出的建议要有针对性和可行性,避免空谈。

5. 参考文献

这一部分需要列出在调研报告写作过程中所参考的文献资料。阅读文献反映的是研究者的专业基础和专业能力。文献是学术传承和学术伦理的载体,尊重文献是对前人研究的尊重,也体现了学术发展的脉络。

(三) 数据分析的方法

调研报告的写作需要用到合理的方法来对研究的问题进行深入剖析,使得论证更充分、更可靠。企业调研报告写作过程中要科学地利用调研数据进行分析。调研数据的分析方法一般有两种:

一是采用描述性统计,这是最基本的统计方法。描述性统计是将调研数据的各种特征进行分析,采用多样化的统计图和统计表来展现调研的结果,并根据统计结果得出相应的结论。

二是采用实证分析法,可以利用问卷中的相关指标构建计量模型,运用 Excel、Eviews、Stata 等软件进行实证分析。企业调研每年的问卷数据为截面数据,可以进行相关性分析、方差分析,适合建立 Logistic 模型、Probit 模型等。如果调研的样本企业是固定的,那么连续多年的样本数据就称为面板数据,可以构建面板数据模型。

企业调研报告所运用的数据,除了企业景气调研问卷的数据之外,还可以通过其他的途径获得数据进行补充。将不同的数据结合使用有助于进一步说明问题。获取其他数据的途径包括:(1) 根据研究的选题,自行设计更有针对性的问卷进行补充。例如,研究一个地区的旅游行业中小企业的发展现状问题,可以设计针对当地旅游者的旅游消费问卷进行补充。(2)在问卷调研的基础上,通过深入访谈和实地考察以获得数据。(3)查找公开的统计数据,包括国家统计局、各省市统计局、各大研究机构发布的统计数据和统计报告,中经网、国研网、Wind金融数据库等各类数据库等。

在使用数据进行分析时需要特别注意几个问题:第一,要确保数据的真实性和有效性;第二,所有的二手数据都必须说明资料来源;第三,不能直接复制和粘贴各类网络图表,要根据数据自己使用Word或Excel等软件制作统计图表。

(四) 调研报告的写作规范

调研报告要体现科学性、专业性等原则,要符合基本的写作规范。

1. 语言规范

调研报告行文应当采用客观性、书面性和专业性的语言。在写作过程中不宜使用带有强烈情感色彩的主观性表述和感叹号、问号等标点符号,应该基于客观情况进行客观性的表述。不宜使用"我""我们"等主语,应该用"本文""笔者"等规范性的表述。不宜使用口语化的表达,应该用书面语进行表述。同时,调研报告要将专业知识和专业理论运用到所研究的问题中,应当使用专业术语进行表达,提升论文的专业性。

2. 格式规范

调研报告要符合基本的格式要求,从题目、正文、署名、参考文献等各个方面均有要求,包含字体、字号、各级标题编号、图和表格的编号及格式等各种规范。

最后,要完成一份高质量的调研报告,需要对报告进行反复的修改,在修改中不断提升报告的质量。

第二节

企业调研报告的展示：Power your Point

引子：有这么个段子，说大多数做 PowerPoint 的人，既没有 power(权力)也没有 point(观点)；那些编辑 Word 的人，都没有什么 word(话)要说；填写 Excel 的人，其实并不 excel(优秀)；往往使用 Access 的人，都没有 access(权限)。而最大的真相就是，大多数使用 Microsoft Office 的人，在 office(办公室)里都是既 micro(卑微)又 soft(软弱)的。所以，希望以下的一些内容，可以帮助读者，为你们的观点给予力量(Power your Point)。

一、打靶归来

成功的调研报告演示总是各有各的成功，不成功的演示却往往掉进相同的坑里。如果让读者细想一下最讨厌的演示汇报，大致都会总结为以下几点：

1. 堆砌的大段文字

事实上，从文字版的报告转变成汇报演示的 PowerPoint 文件，最容易犯的错误就是在同一页中堆砌了大量的文字内容。毕竟报告中的每一个字都凝结了写作者的心血和智慧，舍不得删掉任何一个文字内容；或者，单纯就是偷懒，懒到只肯把报告内容复制后粘贴到演示文稿里。但对于坐在报告厅里的观众/听众来说，阅读那些密密麻麻的文字(同时还要听汇报者的演讲)绝对是第一等的煎熬。

2. 繁杂的艺术加工

炫酷的艺术字、费心下载的特殊字体、艳丽而不知所谓的图片内容……所有的这一切并不能使演示文稿更加吸引人。相反，过于繁杂的艺术加工，会给观众一种压迫感,让人无所适从:到底是应该关注汇报演讲本身,还是那些炫酷的元素?如果选用的图片元素与当前页面的汇报内容无关,更是一种让观众分神的干扰项了。

3. 粗制滥造的图表

调研报告的一大特点就是庞大的数据量。这一方面确实可以充实演讲的内容,另一方面也会造成汇报过程中的信息过载。而单纯使用 Excel 软件生成图表并粘贴在 PowerPoint 文稿里,则难以达到突出主题明确观点的作用。如下图 7-1 所示,在一页图表中展示了 9 类用地的 5 种境况,既无必要又无意义,只会白白牵扯观众的注意力。

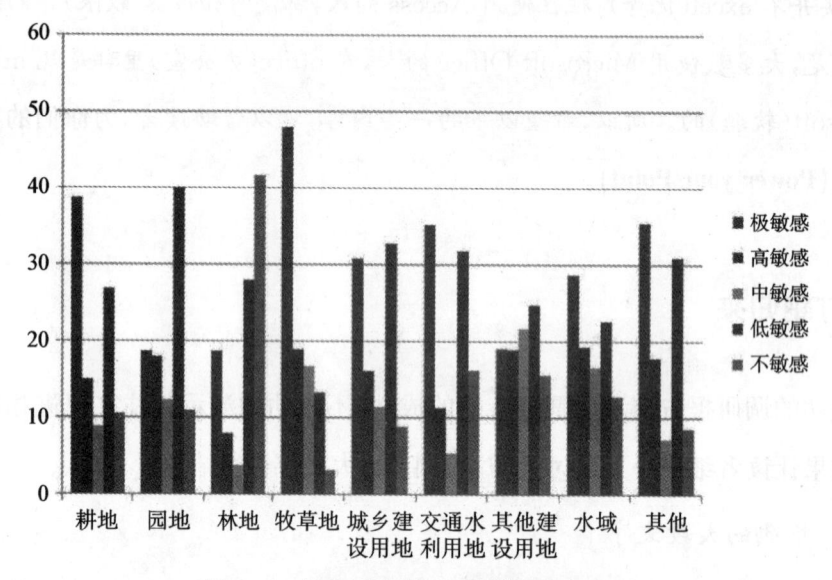

图 7-1 信息过载情况下的错误图表演示

综上所述,要避开所有可能导致演示文稿失误的陷阱,就需要遵循一条日趋流行的设计思路——"扁平化"。

"扁平化"的核心意义是去除冗余、厚重和繁杂的装饰效果。具体表现是去掉了多余的透视、纹理、渐变以及能做出 3D 效果的元素,这样可以让"信息"本身重新作为核心被突显出来,减少认知障碍的产生。而企业调研报告的核心正是"调研信息"本身。

二、素材

想要做好一份企业调研报告的演示文稿,需要从一砖一瓦的打磨开始。这里的"砖瓦"就是在演示文稿中会使用到的各类素材。

(一) 字体

首先要明确字体分类中的两个类别——"衬线体"和"无衬线体",具体比较如下图 7-2 所示。

图 7-2 "无衬线体"与"衬线体"字体的比较

在打印文稿时往往选用右边的"衬线体",即在字的笔画开始、结束的地方有额外的装饰,而且笔画的粗细会有所不同。衬线体强调了每个字母笔画的开始和结束,易于换行阅读的识别,避免发生行间的阅读错误,适用于大段文字的排版。

在演示文稿时往往选用左边的"无衬线体",与衬线字体相反,该类字体通常是机械的和统一线条的,往往拥有相同的曲率,笔直的线条,锐利的转角。这样的字体更适用于标题、短语或较短的文字段落,更加清晰明显。

在非商业性的调研报告展示中,最合适的中文"无衬线体"应当就是"微软雅黑"——该字体是美国微软公司委托中国北大方正电子有限公司设计的一款字体,传闻该字体每个字的造价成本在 100 美元左右,并且商用版权仍归属北大方正公司所有(切勿侵权)。而英文"无衬线体"则主要使用了 Arial 和 Calibri 两种字体,以及与之相同的变体。

另一方面,即使是在演示文稿中使用较为丰富的文字内容,也需要注意段落的行间距问题。在演示文稿中,往往单倍行距就已经是被认为是过于紧密的,如果为了在有限的篇幅内添加较多的文字而进一步缩小行距,更是下下之选。一般而言,

企业调研

1.3~1.5倍的行距是比较恰当的,具体对比情况可参考下图7-3。

衬线体　　　　　　　　　　**无衬线体 + 1.3-1.5倍行距**

金陵学院积极学习借鉴南京大学双创示范基地建设过程中的体制机制创新的新理念和新举措,结合自身发展实际,借力借势推进双创教育。在仔细领会《南京大学双创示范基地工作方案》文件精神的基础上,依据金陵学院实际情况,学校鼓励各院系、相关部门主动对接南京大学双创示范基地重点建设的四个平台,开展全方位的交流合作,融入互动,经过院内多轮研讨论证,重点遴选了6个项目,对应金陵学院6个创新创业教育改革"特区"。其中,商学院服务贸易双创平台建设已初见成效。

图7-3　选用合适的字体及行距增加演示性

最后,一份演示文稿的字体类型尽量限制在2~3种以内。对于内容上的变化,不需要使用不同的字体,而应使用字号的大小来做出相应的调整。

(二)配色

演示文稿在配色使用方面并没有所谓的固定形式,但依然遵循"扁平化"原则。使用的颜色数量上,往往单色、双色或多色皆可,但不能繁杂,同时应与演示文稿自身的篇幅长短有所关联。一般而言,篇幅越长,越能接受更多的配色。这里说的配色数量是指整份文稿的配色,而不是指单一页面内的色彩数量,单一页面的色彩数量以不超过5种为优。以图7-4为例,整份演示文稿使用了多种配色,主要是为

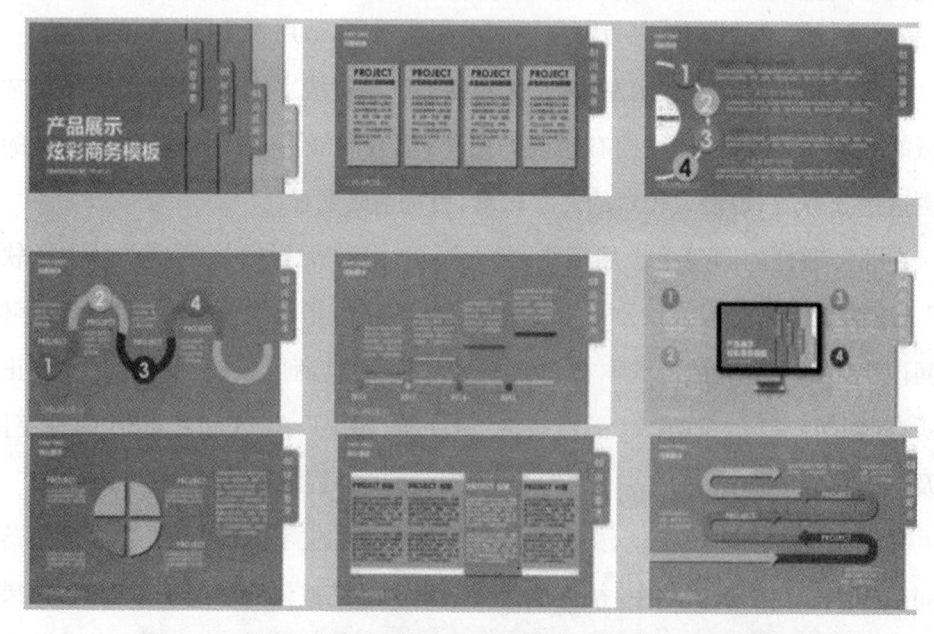

图7-4　多种配色情况下的演示文稿范例(可参见书后彩色图示)

了突显和区别不同的章节内容,与报告的逻辑演进有所关联。而在单一页面中,则特别注意限制了使用的配色数量。

另一方面,使用配色时应注意与调研报告的具体内容有所联系。比如使用单色或者近似色来表示多个并列关系的元素;使用对比色来表示对比或转折关系的元素等。

另外,PowerPoint之类的演示软件还提供了一项工具——"取色器",帮助编辑者在文稿中统一所使用的颜色,应当善用此神器。

(三) 图片

在演示文稿中应善于使用图片,达到烘托主题、吸引注意的目的。而选用的图片必须遵循以下要求:

其一,"**契合主题**"。选择的图片应该是能紧密契合该页面的主要观点或汇报主题,任何无厘头或无关联的图片都不应该被选用。

其二,"**高清无码**"。在利用网络查找图片资源时,应该注意图片的分辨率,过小的分辨率会导致在演示文稿展示时的不清楚。同时,还需要注意很多网络图片的水印问题:如果水印在图片下方,可以使用裁剪功能;如果水印在图片背景,则需要换用图片。

其三,"**色彩鲜艳**"。图片应该是能够起到吸引观众注意力的作用,因此暗淡沉寂又不够有冲击力的图片是应当被弃用的,那只会耗费观众的心智去猜想图片内容,忽视了更重要的信息。

(四) 图标

图标的使用更加广泛,既可以很好地引领文字内容,增加观众的理解程度,又可以避免图片过多导致的"喧宾夺主"。以图7-5为例,三个图标分别是"握手""货仓""电车",与汇报者所要表达的观点内容完全契合,又避免使用三张图片导致的不协调。

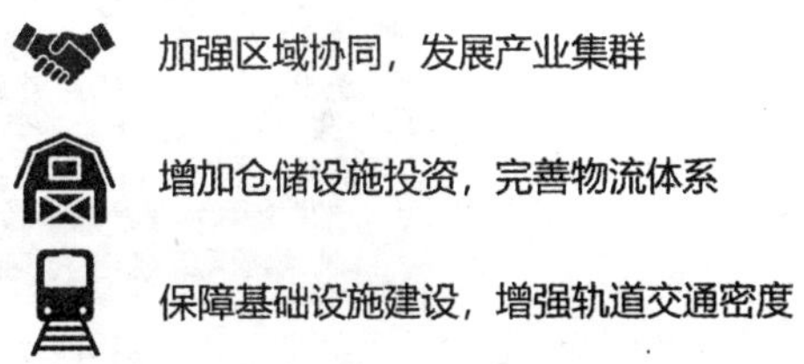

图 7-5 图标与文字内容关联的范例

(五) 图表

调研报告中形成的大量信息和数据需要使用各类图表进行简明扼要的展示。其中，逻辑图表是为了展示相关的逻辑关系，而数据图表则是为了展示汇集的数据内容。

逻辑图表包括：列表、流程、循环、层级结构、矩阵等形式。主要是用于调研报告的各层次逻辑关系，例如一级指标由二级指标来构成的层级结构关系，或者是在研究中发现的问题及分析得出的背后缘由之间的因果关系。善于使用合理的逻辑图表，能清晰直观地向观众展示汇报者的思维路径和逻辑演进。

数据图表则包括：饼状图、柱状图、折线图、雷达图等。切忌为了展示完整的数据而将大量信息陈列在单一页面中，相反，应该优选重要数据，并使用不同的颜色、字号、动画等方式，强调突出数据的对比或变化情况。

三、设计

(一) 设计原则

优良的演示文稿设计难以用一两句话就说清楚，但观众的眼睛和心智不会说谎。通过对比以下两张成型的设计图稿，可以直观的辨别孰优孰劣。

史蒂夫·乔布斯（Steve Jobs）是苹果公司的前行政总裁兼创办人之一，同时也是前皮克斯动画工作室（Pixar Animation Studios，香港译作彼思动画制作室）的董事长及行政总裁（Pixar在2006年被迪士尼收购）。乔布斯还是迪士尼公司的董事会成员和最大个人股东。乔布斯被认为是计算机业界与娱乐业界的标志性人物，同时人们也把他视作麦金塔计算机、iPod、iTunes、iPad、iPhone等知名数字产品的缔造者，这些风靡全球亿万人的电子产品，深刻地改变了现代通讯、娱乐乃至生活的方式。2011年10月5日因病逝世，享年56岁。乔布斯是改变世界的天才，他凭敏锐的触觉和过人的智慧，勇于变革，不断创新，引领全球资讯科技和电子产品的潮流，把电脑和电子产品不断变得简约化、平民化，让曾经是昂贵稀罕的电子产品变为现代人生活的一部分。

图7-6 设计图稿范例一

图 7-7 设计图稿范例二

如图所示,范例一就是将一份文字版的内容直接粘贴到演示文稿的页面中,而范例二则遵循了几条重要的设计原则:

1. 对比

范例二将史蒂夫·乔布斯的姓名、画像、生平、简介等不同内容进行了分类排列,并且使用字号的大小、行距的大小、字体的颜色差别进行了对比,从而突出主题。

2. 重复

范例二将史蒂夫·乔布斯的生平经历用四个短语来进行概括,并且这四个短语使用统一的形式,作为一致性的要素重复出现,给观众一种审美上的协调感。在实际演示文稿的设计上,可以在重复出现的元素中施加一点的变化,让观众更容易跟上演讲者的节奏。比如图 7-8 所示,使用完全一致的侧边栏来陈列汇报的章节安排,而对于当前演讲的章节应选用一种不同于其他章节的颜色,就可以体现"重复中的变化"这一设计意义。

图 7-8 利用"重复中的变化"进行设计的范例(可参见书后彩色图示)

3. 对齐

范例一没有合理的对齐方式，显得十分杂乱；范例二使用了左侧对齐，因此有了一种整齐划一的设计美感。在演示文稿的实际应用中，可以利用不同的文本框，从而使用靠左或靠右或居中的不同对齐方式，但最终都是要找到一种整齐感。

（二）解构与建构

大多数情况下，调研报告的展示工作都是基于已经撰写完成的调研报告。因此，需要对文字版的调研报告内容做合理的解构与建构，才能更加合理清晰的展示调研内容。下文是随意摘抄的一份"华为手机的市场营销策略"的文字内容：

华为手机的市场营销策略

产品（Product）：在全球范围以及中国，华为手机凭借其领先的技术、易用的功能、个性化的设计和过硬的质量而广受欢迎；价格（Price）：价格上，公司采取"高质高价"的定价策略，追求更多溢价的同时打造品牌的高端形象；渠道（Place）：从渠道上说，华为注重"线上＋线下"体验式全渠道销售，与众多经销商构建合作关系；促销（Promotion）：华为在全球范围内赞助体育赛事，新产品上市期投入重金进行广告宣传，成效明显。

可以看到，这份市场营销策略的内容行文完全按照一份纸质版报告的形式。而实际上，这短短几行文字中，就包含了从属关系和并列关系，需要对逻辑关系进行解构。解构结果如下图7-9所示：

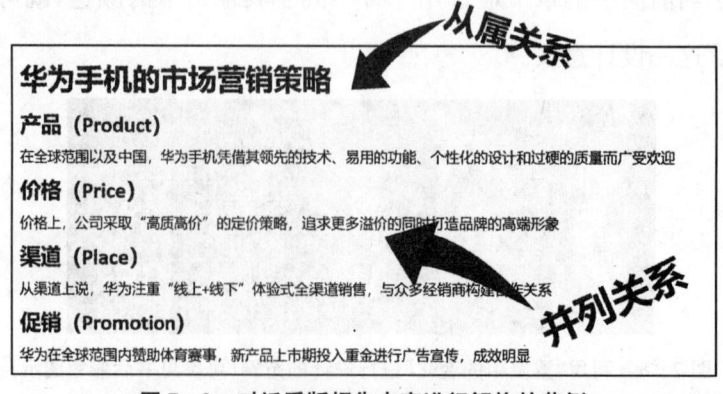

图7-9 对纸质版报告内容进行解构的范例

完成合理的逻辑解构之后,可以利用不同的演示文稿模板来进行建构,完成最终的页面设计。在建构的页面设计中,应注意前文已经提及的素材和设计原则等内容。

如图 7-10 所示,到这一步才真正算完成了对于调研报告中一段重要内容的解构与建构工作,即将纸质版文字向页面版演示文稿的转化。而将整份调研报告转化成演示文稿,需要不断重复以上的工作,每一页的设计内容都应该仔细斟酌。

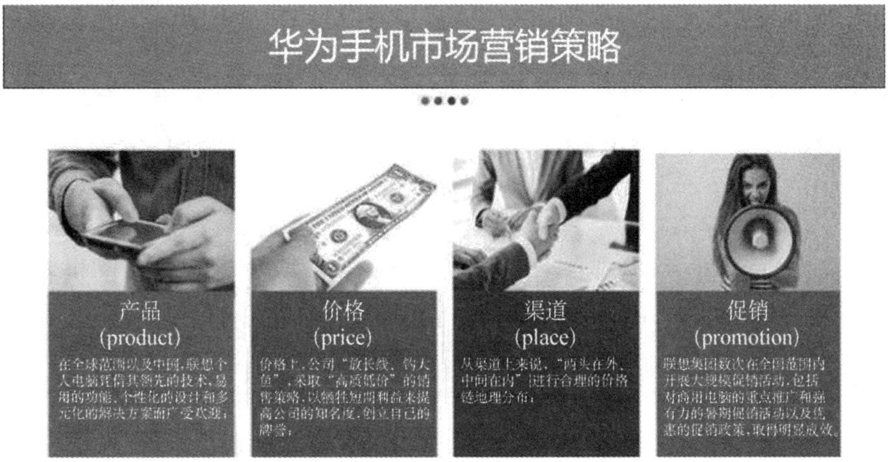

图 7-10 对纸质版报告内容进行建构后页面设计的范例

四、演讲

在顺利完成演示文稿的设计之后,就可以着手进行演讲的准备工作。演讲的风格因人而异,但应该注意下面几个重点:

1. 让观众/听众享受一次视听盛宴

简单来说,单位时间内观众/听众的注意力是有限的,因此在单一页面上留给观众/听众的信息也应该是有限的。那么一个略显偏颇的观点——"文不如句、句不如字、字不如图"——也就给了演讲者另一种思路,即只在演示文稿页面留下提炼过的重要信息,解释信息放在逐字稿上。

企业调研

2. 逐字稿

事先将要说出来的内容写成逐字稿,但不要去重复调研报告的内容——调研报告是书面用语,逐字稿是口头用语——通过结合 PowerPoint 演示文稿来撰写逐字稿,能够进一步梳理演讲时的逻辑性。

3. 说故事

把观众/听众当作是孩子们,把调研报告里有趣的、有意义的、有价值的信息作为故事娓娓道来。演讲者是带着兴趣向观众/听众来分享在调研中发现的点点滴滴,这并不是一次紧张的折磨。因此,也不要对照着念逐字稿,这只会让报告厅里的人昏昏欲睡。

4. 目光交流

在一次普通演讲中,很难有超过 70% 的观众是在认真听讲的。演讲者的一项重要工作就是找到这些认真听讲的观众,与他们保持眼神的交流,从观众的眼神和表情中得到自信和赞许,从而更好地发挥。

五、技巧

想要做好一份调研报告的展示,还应该注意一些重要但易被忽视的细节:

其一,**演示软件的选用**。市面上有很多的演示软件,包括但不限于 PowerPoint、WPS、Keynote、Prezi、Focusky 等,应该选用兼容性好,并且版本较新的软件。兼容性好可以避免在实际演讲现场出现的技术问题,版本新则可以利用更多更合适的工具来提高效率。

其二,**投影仪和存储设备的技术问题**。历来调研报告的展示活动,都出现过学生电脑和演讲现场大屏幕上的内容不一致的情况。往往是因为投影仪的色彩还原能力远远弱于笔记本电脑显示屏,使得在电脑上能看清的信息,投影到大屏幕上则暗淡无光甚至看不清楚。因此需要提前到现场排演,确保色彩还原。

同时,存储设备的不兼容或者自身携带的病毒问题,也成了展示现场的定时炸弹。因此,时刻保存并使用两个存储设备相互备份文件绝对是一个明智的措施。

其三，**动画与切换**。最新版的演示软件提供了大量且丰富的动画与切换功能，但使用过于繁杂的动画和切换并不符合"扁平化"的设计原则。因此，所有的演示文稿的动画和切换应遵从**"精简"**原则（ASAP,"As Simple As Possible"），消除冗余繁复。另一方面，适当的动画和切换，则应该与调研报告展示的内容本身有所联系，即使用变化的动画和切换功能，去呼应内容上出现的逻辑转换。

总之，调研报告的展示并无定势，变通存乎于心。只要多观摩，多思考，多实践，每个人都能在演讲的舞台上，既有 POWER 又有 POINT。

第八章

企业生态环境及其评价

在企业调研的基础上,运用问卷调研数据开展中小企业景气指数研究的同时,还需要对中小企业的生态环境进行评价,全面反映中小企业的生存和发展状态。本章对企业生态环境进行界定,分析了企业生态环境的指标构成及评价体系,介绍了生态环境评价的基本方法。

第一节

企业生态环境概述

企业生态环境是一个全新的仿生概念,最早源于对"生态"的研究,随着与人类密切相关的自然环境、经济环境、社会环境的变化,其研究领域不断延伸、丰富和拓展,提出并不断地完善了"自然生态"→"自然生态系统"→"企业生态系统"→"生态环境""金融生态环境""企业生态环境"等诸多概念。

一般而言,我们通常认知的"生态"和"环境"(汉语词典的定义),是指生物在一定的自然环境下生存和发展的状态。"环境"意指周围的地方,或周围的情况和条件。"生态环境"则是"由生态关系组成的环境"。若以自然科学视角定义生态环境,即是:"围绕生物有机体的生态条件的总体,由许多生态因子综合而成"。如果从经济学或社会学的视角定义生态环境,则是"与人类密切相关、影响人类生活和生产活动的各种自然力量和经济力量的总和"。

由此推论,企业生态环境是与企业密切相关、影响企业生存和发展的各种力量(生态条件及生态条件影响因子)的总和。企业生态环境将一定区域内众多企业作为一个整体,研究哪些因素(生态条件影响因子)将影响这些企业的生产经营、如何影响、影响程度大小等问题。

在经济和金融全球化、市场更加一体化和网络化趋势下,外部环境的不确定性及动荡不定会加大企业成长和发展的压力,这种不确定性源于多种因素(生态条件影响因子),如资源供给的不确定性、市场需求的不确定性、金融市场的不确定性、政策环境的不确定性,甚至竞争压力的不确定性,这些不确定性大多具有外源性特征。而企业生态环境能够客观、全面、及时地反映整体的、地区的和主要城市的众多中小企业的生存和发展状态。

第二节

企业生态环境的构成

研究中心关注江苏中小企业生态环境,并将影响企业生存和发展的各种因素归为四个生态条件,分别为:生产(服务)生态条件、市场生态条件、金融生态条件和政策生态条件,如图8-1所示。

图8-1 企业生态环境的构成

生产(服务)生态条件从企业经营状况和发展状况两个维度综合考察,其影响因子主要有:企业综合生产(服务)经营状况、生产(服务)总量、经营(服务)成本、产能利用、营业收入、利润变化、产成品库存、劳动力需求与人工成本、固定资产投资、新产品开发,以及私营工业企业产成品、批发和零售业、住宿和餐饮业总额、专利授权数量、房地产开发新增固定资产投资等统计指标。

市场生态条件从产品供给和资源需求两个维度综合考察,其影响因子主要有:

新签销售合同、产品(服务)销售范围、产品或服务销售价格、营销费用、产成品库存、原材料及能源购进价格、劳动力需求与成本、融资需求与成本等,以及全社会用电量、亿元以上商品交易市场商品成交额、规模以上工业企业产品销售率、总资产贡献率、负债率、私营个体企业户数等统计指标。

金融生态条件从企业融资和运营资金两个维度综合考察,其影响因子主要有:应收款、流动资金、融资需求、融资可获性、融资成本、融资渠道、投资计划,以及规模以上工业企业流动资产、应收账款、单位经营贷款与存款余额、票据融资、年末金融机构贷款余额等统计指标。

政策生态条件从政策支持和企业负担两个维度综合考察,其影响因子主要有:融资优惠、税收优惠、税收负担、行政收费、专项补贴、政府效率、人工成本等,以及一般公共服务、社会保障和就业财政预算支出、企业所得税、行政事业性收费收入占 GDP 比重、从业人数、城镇居民可支配收入等统计指标。

由图 8-1 的四个生态条件构成的企业生态环境是一个动态变化的、整体的循环系统,决定了企业的生存和发展状态,反映了企业整体的成长特征、规律与趋势,其综合评价信息能为企业和政府在管理决策、政策选择与战略制定方面提供依据;企业能根据企业生态环境变化的信息适时进行自我调整,主动应对多变的环境,以期赢得更多生存和发展的新机遇;政府能根据企业生态环境变化的信息不断创新和完善服务支持体系,优化政策生态环境,为企业的成长和竞争力的提升提供更为优质的支持和服务。

上述中小企业生态环境评价指标归纳为表 8-1。

表 8-1 中小企业生态环境评价指标体系

生态条件	生态条件维度	生态条件维度影响因子	
		问卷调查指标	统计年鉴指标
生产(服务)生态条件	经营状况维度	企业综合生产(服务)经营状况、生产(服务)总量、经营(服务)成本、产能利用、营业收入、盈利(亏损)变化、产成品库存、劳动力需求与人工成本、固定资产投资、新产品开发等	私营工业企业产成品、批发和零售业、住宿和餐饮业总额、专利授权数量、房地产开发新增固定资产投资等
	企业发展维度		

续 表

生态条件	生态条件维度	生态条件维度影响因子	
		问卷调查指标	统计年鉴指标
市场生态条件	产品供应维度	新签销售合同、产品(服务)销售范围、产品或服务销售价格、营销费用、产成品库存、原材料及能源购进价格、劳动力需求与成本、融资需求与成本等	全社会用电量,亿元以上商品交易市场商品成交额、规模以上工业企业产品销售率、总资产贡献率、负债率,私营个体企业户数等
	资源需求维度		
金融生态条件	运营资金维度	应收款、流动资金、融资需求、融资可获性、融资成本、融资渠道、投资计划等	规模以上工业企业流动资产、应收账款,单位经营贷款与存款余额、票据融资、年末金融机构贷款余额等
	企业融资维度		
政策生态条件	政策支持维度	融资优惠、税收优惠、税收负担、行政收费、专项补贴、政府效率、人工成本等	一般公共服务、社会保障和就业财政预算支出、企业所得税、行政事业性收费收入占GDP比重、从业人数、城镇居民可支配收入等
	企业负担维度		

注:表中为2014～2017年的评价指标体系。

第三节

企业生态环境评价分析

一、中小企业生态环境评价体系设置

南京大学金陵学院企业生态研究中心,在对江苏省中小企业进行生态环境评价时,在指标体系的设置方面,研究中心针对两个重要问题做出相应的解决方案:(1) 与官方标准的一致性。评价体系要兼顾国家统计局现行统计标准和行业分类方法,并与相关统计标准和统计规则保持一致,以利于统计数据的引用和统计指标的对比分析,力求在更大范围内提升各指标的参考价值、研究价值和应用价值;(2) 研究中心的问卷样本数据针对的是中小企业(大多为内源性生态条件影响因子),还需要一些行业(产业)数据因素甚至更宏观的经济数据(外源性生态条件影响因子)做补充,这意味着在中小企业生态环境评价中,综合统计局规模以上企业统计数据十分必要。为此,研究中心针对实际情况,选择专家法、因子分析法或层次分析法确定指标权重,以期真实全面地反映中小企业的生态环境。

中小企业生态环境评价体系(中小企业景气指数+中小企业生态环境评价)可归纳为图 8-2。中小企业生态环境综合评价指标构成如表 8-2 所示。

企业调研

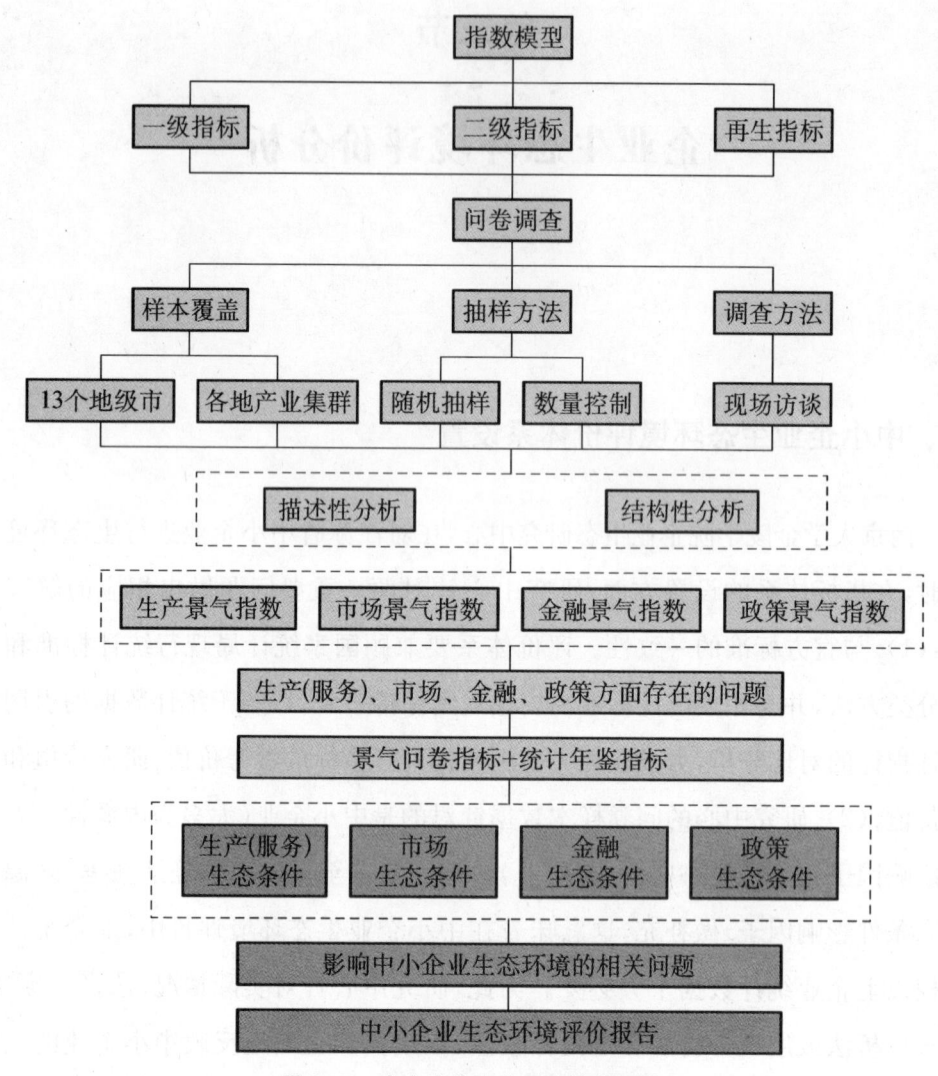

图 8-2 中小企业生态环境评价系统

表 8-2 中小企业生态环境综合评价指标构成

序号	二级指标	三级指标	评价指标（问卷指标和统计指标）
1	生产生态条件	经营状况维度	3. 营业收入
2			4. 经营成本
3			5. 生产（服务）能力过剩
4			6. 盈利（亏损）变化
5			16. 应收款
6			31. 企业综合生产经营状况

续 表

序号	二级指标	三级指标	评价指标(问卷指标和统计指标)
7	生产生态条件	经营状况维度	规模以上中小企业工业总产值
8			规模以上中小企业工业总产值占比
9			批发、零售和住宿、餐饮业总额
10		企业发展维度	7. 技术水平评价
11			8. 技术人员需求
12			9. 劳动力需求
13			10. 人工成本
14			17. 固定资产投资
15			18. 产品(服务)创新
16			20. 流动资金
17			专利授权数量
18			私营个体经济固定资产投资
19			私营个体占新增固定资产投资比重
20	市场生态条件	产品供给维度	11. 新签销售合同
21			12. 产品线上销售比例
22			13. 产品(服务)销售价格
23			14. 营销费用
24			18. 产品(服务)创新
25			全社会用电量
26			亿元以上商品交易市场商品成交额
27			规模以上工业企业产品销售率
28		资源需求维度	8. 技术人员需求
29			9. 劳动力需求
30			10. 人工成本
31			15. 主要原材料及能源购进价格
32			21. 融资需求
33			24. 融资成本
34			私营个体工商户户数
35			规模以上工业企业总资产贡献率
36			规模以上工业企业资产负债率

续 表

序号	二级指标	三级指标	评价指标(问卷指标和统计指标)
37	金融生态条件	运营资金维度	16. 应收款
38			17. 投资计划
39			20. 流动资金
40			22. 实际融资规模
41			规模以上工业企业流动资产
42			规模以上工业企业应收账款
43			年末单位存款余额
44		企业融资维度	1. 总体运行状况
45			17. 固定资产投资
46			22. 实际融资规模
47			21. 融资需求
48			24. 融资成本
49			25. 融资优惠
50			年末金融机构贷款余额
51			票据融资
52			单位经营贷款
53	政策生态条件	政策支持维度	22. 实际融资规模
54			25. 融资优惠
55			29. 专项补贴
56			30. 政府效率
57			31. 企业综合生产经营状况
58			一般公共服务财政预算支出占 GDP
59			社会保障和就业财政预算支出占 GDP
60			从业人数
61		企业负担维度	10. 人工成本
62			24. 融资成本
63			26. 税收负担
64			28. 行政收费
65			企业所得税占 GDP 比重
66			行政事业性收费收入占 GDP 比重
67			城镇居民可支配收入

注1:指标前有序号的是问卷指标,没有序号的是统计指标。
注2:各指标的权重继续采用专家法设定。
注3:序号排列到67是因为有些三级指标会影响两个不同的二级指标,这就会重复使用。
表中为2017年至今所采用的指标体系。

表中前 7 个维度指标都为正向指标,得分越高表明情况越好;而"企业负担维度"为负向指标,得分越高,表明企业的负担越轻。

二、中小企业生态环境评价模型

(一) 数据标准化

在进行评价之前,采用极差标准化方法,对指标进行无量纲化处理,即对数据进行标准化处理,以增强各经济要素之间的可比性。

对序列 $x_{ij}(i=1,2,\cdots,13,j=1,2,3,\cdots,67)$,采用极差标准化方法对数据进行标准化处理,正向指标和负向指标的处理公式分别如下:

$$y_{ij}=\frac{x_{ij}-\min\limits_{1\leqslant i\leqslant 13}\{x_{ij}\}}{\max\limits_{1\leqslant i\leqslant 13}\{x_{ij}\}-\min\limits_{1\leqslant i\leqslant 13}\{x_{ij}\}}$$

$$y_{ij}=\frac{\max\limits_{1\leqslant i\leqslant 13}\{x_{ij}\}-x_{ij}}{\max\limits_{1\leqslant i\leqslant 13}\{x_{ij}\}-\mathrm{mix}\limits_{1\leqslant i\leqslant 13}\{x_{ij}\}}$$

式中:i 表示江苏省的 13 个地级市,

j 表示评价体系的生态条件影响因子,

得到转换后的矩阵 $Y=(y_{ij})_{13\times 62}$,这里 $y_{ij}\in[0,1]$。

(二) 评价权重设定及评价模型的创建

本项研究是针对江苏省中小企业进行的。在指标设置时,与中小企业经营相关性较大的指标,就赋予较高的权重;而与整体经济环境(外源性)相关,对中小企业影响相对较小的指标,则赋予稍低的权重。具体操作中,由多位专家针对问卷调查指标和统计年鉴指标,对各维度影响因子的权重进行打分后得到平均值 W_j。

8 个维度的权重均为 10 分,专家根据维度内的三级指标(生态条件影响因子)的特征及重要性,设置不同的权重。这种以等权的方式设置各维度指标,可以在维度之间建立可比关系。由此得到：

$$M_{ij} = \sum_{j=1}^{67} \sum_{i=1}^{13} w_j Y_{ij}$$

还可以根据中小企业评价系统中的4个生态条件指标、8个维度指标和67个生态条件影响因子，建立如下关系模型：

$$F_{sum} = \sum_{env=1}^{4} W_{env} Y_{env} = \sum_{dim=1}^{8} W_{dim} Y_{dim} = \sum_{key=1}^{67} W_{key} Y_{key}$$

其中：

F_{sum} 表示江苏省中小企业生态环境指数；

W_{env} 表示4个生态条件指数各自的权重；

Y_{env} 表示4个生态条件指数具体的数值；

W_{dim} 表示8个维度指数各自的权重；

Y_{dim} 表示8个维度指数具体的数值；

W_{key} 表示67个生态条件影响因子各自的权重；

Y_{key} 表示67个生态条件影响因子具体的数值。

评价得分例子：

表8-3 2017~2018年江苏中小企业生态环境各维度得分

生态条件	生态条件维度	2017年 评分	排名	2018年 评分	排名	较2017年份差
生产	经营状况维度	4.724 3	4	5.101 8	1	0.377 6
	企业发展维度	5.202 4	2	4.991 5	2	−0.210 9
市场	产品供给维度	3.841 4	8	4.326 7	8	0.485 2
	资源需求维度	4.664 0	5	4.966 3	3	0.302 3
金融	运营资金维度	4.228 0	7	4.459 6	7	0.231 6
	企业融资维度	4.531 8	6	4.906 2	4	0.374 4
政策	政策支持维度	4.820 8	3	4.845 6	5	0.024 8
	企业负担维度	6.177 5	1	4.831 8	6	−1.345 7

注：企业负担维度是一个逆指标，其经济含义是分值越高，企业负担越轻，反之越重。

参考文献

[1] 欧阳峣.中国支持中小企业发展的政策和服务体系研究[M].中国社会科学出版社,2009.

[2] 阮铮.美国中小企业金融支持研究[M].中国金融出版社,2008.

[3] [德] 赫尔曼·西蒙著;张帆,吴君,刘惠宇,刘银远译.隐形冠军——未来全球化的先锋[M].机械工业出版社,2015.

[4] 李庚寅,黄宁辉.中小企业理论演变探析[J].经济学家,2001(03).

[5] 冯云霞,沈远平.管理沟通——基于案例分析的视角[M].中国人民大学出版社,2015.

[6] 兰青秀.论管理沟通的科学性与艺术性[J].现代商业,2020.

[7] 孙贵波.浅谈人际关系、人际沟通及沟通技巧[J].商业管理研究,2019.

[8] 刘睿.人际交往中非语言沟通相关问题浅析[J].新商业周刊,2020.

[9] 程志慧.网络情境下社会工作人际沟通探究[J].评价分析,2019.

[10] 郑京平.中国宏观经济景气监测指数体系研究.中国统计出版社,2013.

[11] 中国经济景气监测中心:http://www.stats.gov.cn/tjsj/zxfb/201301/t20130118_12930.html.

[12] 贾俊平,何晓群,金勇进.统计学(第七版).中国人民大学出版社,2018.

[13] 宋翔.Excel数据分析.电子工业出版社,2019.

[14] 张西华.市场调研与数据分析.浙江大学出版社,2019.

[15] 南京大学金陵学院企业生态研究中心.江苏中小企业生态环境评价报告(2014)[M].南京大学出版社,2015.

[16] 南京大学金陵学院企业生态研究中心.江苏中小企业生态环境评价报告(2017)[M].南京大学出版社,2018.

附录 1

统计上大中小微型企业划分办法(2017)

一、根据工业和信息化部、国家统计局、国家发展改革委、财政部《关于印发中小企业划型标准规定的通知》(工信部联企业〔2011〕300号),以《国民经济行业分类》(GB/T4754—2017)为基础,结合统计工作的实际情况,制定本办法。

二、本办法适用对象为在中华人民共和国境内依法设立的各种组织形式的法人企业或单位。个体工商户参照本办法进行划分。

三、本办法适用范围包括:农、林、牧、渔业,采矿业,制造业,电力、热力、燃气及水生产和供应业,建筑业,批发和零售业,交通运输、仓储和邮政业,住宿和餐饮业,信息传输、软件和信息技术服务业,房地产业,租赁和商务服务业,科学研究和技术服务业,水利、环境和公共设施管理业,居民服务、修理和其他服务业,文化、体育和娱乐业等15个行业门类以及社会工作行业大类。

四、本办法按照行业门类、大类、中类和组合类别,依据从业人员、营业收入、资产总额等指标或替代指标,将我国的企业划分为大型、中型、小型、微型等四种类型。具体划分标准见附表。

五、企业划分由政府综合统计部门根据统计年报每年确定一次,定报统计原则上不进行调整。

六、本办法自印发之日起执行,国家统计局2011年印发的《统计上大中小微型企业划分办法》(国统字〔2011〕75号)同时废止。

附表：统计上大中小微型企业划分标准

行业名称	指标名称	计量单位	大型	中型	小型	微型
农、林、牧、渔业	营业收入(Y)	万元	$Y \geqslant 20\,000$	$500 \leqslant Y < 20\,000$	$50 \leqslant Y < 500$	$Y < 50$
工业*	从业人员(X)	人	$X \geqslant 1\,000$	$300 \leqslant X < 1\,000$	$20 \leqslant X < 300$	$X < 20$
	营业收入(Y)	万元	$Y \geqslant 40\,000$	$2\,000 \leqslant Y < 40\,000$	$300 \leqslant Y < 2\,000$	$Y < 300$
建筑业	营业收入(Y)	万元	$Y \geqslant 80\,000$	$6\,000 \leqslant Y < 80\,000$	$300 \leqslant Y < 6\,000$	$Y < 300$
	资产总额(Z)	万元	$Z \geqslant 80\,000$	$5\,000 \leqslant Z < 80\,000$	$300 \leqslant Z < 5\,000$	$Z < 300$
批发业	从业人员(X)	人	$X \geqslant 200$	$20 \leqslant X < 200$	$5 \leqslant X < 20$	$X < 5$
	营业收入(Y)	万元	$Y \geqslant 40\,000$	$5\,000 \leqslant Y < 40\,000$	$1\,000 \leqslant Y < 5\,000$	$Y < 1\,000$
零售业	从业人员(X)	人	$X \geqslant 300$	$50 \leqslant X < 300$	$10 \leqslant X < 50$	$X < 10$
	营业收入(Y)	万元	$Y \geqslant 20\,000$	$500 \leqslant Y < 20\,000$	$100 \leqslant Y < 500$	$Y < 100$
交通运输业*	从业人员(X)	人	$X \geqslant 1\,000$	$300 \leqslant X < 1\,000$	$20 \leqslant X < 300$	$X < 20$
	营业收入(Y)	万元	$Y \geqslant 30\,000$	$3\,000 \leqslant Y < 30\,000$	$200 \leqslant Y < 3\,000$	$Y < 200$
仓储业*	从业人员(X)	人	$X \geqslant 200$	$100 \leqslant X < 200$	$20 \leqslant X < 100$	$X < 20$
	营业收入(Y)	万元	$Y \geqslant 30\,000$	$1\,000 \leqslant Y < 30\,000$	$100 \leqslant Y < 1\,000$	$Y < 100$
邮政业	从业人员(X)	人	$X \geqslant 1\,000$	$300 \leqslant X < 1\,000$	$20 \leqslant X < 300$	$X < 20$
	营业收入(Y)	万元	$Y \geqslant 30\,000$	$2\,000 \leqslant Y < 30\,000$	$100 \leqslant Y < 2\,000$	$Y < 100$
住宿业	从业人员(X)	人	$X \geqslant 300$	$100 \leqslant X < 300$	$10 \leqslant X < 100$	$X < 10$
	营业收入(Y)	万元	$Y \geqslant 10\,000$	$2\,000 \leqslant Y < 10\,000$	$100 \leqslant Y < 2\,000$	$Y < 100$
餐饮业	从业人员(X)	人	$X \geqslant 300$	$100 \leqslant X < 300$	$10 \leqslant X < 100$	$X < 10$
	营业收入(Y)	万元	$Y \geqslant 10\,000$	$2\,000 \leqslant Y < 10\,000$	$100 \leqslant Y < 2\,000$	$Y < 100$
信息传输业*	从业人员(X)	人	$X \geqslant 2\,000$	$100 \leqslant X < 2\,000$	$10 \leqslant X < 100$	$X < 10$
	营业收入(Y)	万元	$Y \geqslant 100\,000$	$1\,000 \leqslant Y < 100\,000$	$100 \leqslant Y < 1\,000$	$Y < 100$
软件和信息技术服务业	从业人员(X)	人	$X \geqslant 300$	$100 \leqslant X < 300$	$10 \leqslant X < 100$	$X < 10$
	营业收入(Y)	万元	$Y \geqslant 10\,000$	$1\,000 \leqslant Y < 10\,000$	$50 \leqslant Y < 1\,000$	$Y < 50$
房地产开发经营	营业收入(Y)	万元	$Y \geqslant 200\,000$	$1\,000 \leqslant Y < 200\,000$	$100 \leqslant Y < 1\,000$	$Y < 100$
	资产总额(Z)	万元	$Z \geqslant 10\,000$	$5\,000 \leqslant Z < 10\,000$	$2\,000 \leqslant Z < 5\,000$	$Z < 2\,000$
物业管理	从业人员(X)	人	$X \geqslant 1\,000$	$300 \leqslant X < 1\,000$	$100 \leqslant X < 300$	$X < 100$
	营业收入(Y)	万元	$Y \geqslant 5\,000$	$1\,000 \leqslant Y < 5\,000$	$500 \leqslant Y < 1\,000$	$Y < 500$

续　表

行业名称	指标名称	计量单位	大型	中型	小型	微型
租赁和商务服务业	从业人员(X)	人	$X \geq 300$	$100 \leq X < 300$	$10 \leq X < 100$	$X < 10$
	资产总额(Z)	万元	$Z \geq 120\,000$	$8\,000 \leq Z < 120\,000$	$100 \leq Z < 8\,000$	$Z < 100$
其他未列明行业*	从业人员(X)	人	$X \geq 300$	$100 \leq X < 300$	$10 \leq X < 100$	$X < 10$

说明：

1. 大型、中型和小型企业须同时满足所列指标的下限，否则下划一档；微型企业只需满足所列指标中的一项即可。

2. 附表中各行业的范围以《国民经济行业分类》(GB/T4754—2017)为准。带*的项为行业组合类别，其中，工业包括采矿业，制造业，电力、热力、燃气及水生产和供应业；交通运输业包括道路运输业、水上运输业、航空运输业、管道运输业、多式联运和运输代理业、装卸搬运，不包括铁路运输业；仓储业包括通用仓储，低温仓储，危险品仓储，谷物、棉花等农产品仓储，中药材仓储和其他仓储业；信息传输业包括电信、广播电视和卫星传输服务，互联网和相关服务；其他未列明行业包括科学研究和技术服务业，水利、环境和公共设施管理业，居民服务、修理和其他服务业，社会工作，文化、体育和娱乐业，以及房地产中介服务，其他房地产业等，不包括自有房地产经营活动。

3. 企业划分指标以现行统计制度为准。(1) 从业人员，是指期末从业人员数，没有期末从业人员数的，采用全年平均人员数代替。(2) 营业收入，工业、建筑业、限额以上批发和零售业、限额以上住宿和餐饮业以及其他设置主营业务收入指标的行业，采用主营业务收入；限额以下批发与零售业企业采用商品销售额代替；限额以下住宿与餐饮业企业采用营业额代替；农、林、牧、渔业企业采用营业总收入代替；其他未设置主营业务收入的行业，采用营业收入指标。(3) 资产总额，采用资产总计代替。

附录 2

中华人民共和国中小企业促进法

第一章 总则

第一条 为了改善中小企业经营环境,保障中小企业公平参与市场竞争,维护中小企业合法权益,支持中小企业创业创新,促进中小企业健康发展,扩大城乡就业,发挥中小企业在国民经济和社会发展中的重要作用,制定本法。

第二条 本法所称中小企业,是指在中华人民共和国境内依法设立的,人员规模、经营规模相对较小的企业,包括中型企业、小型企业和微型企业。

中型企业、小型企业和微型企业划分标准由国务院负责中小企业促进工作综合管理的部门会同国务院有关部门,根据企业从业人员、营业收入、资产总额等指标,结合行业特点制定,报国务院批准。

第三条 国家将促进中小企业发展作为长期发展战略,坚持各类企业权利平等、机会平等、规则平等,对中小企业特别是其中的小型微型企业实行积极扶持、加强引导、完善服务、依法规范、保障权益的方针,为中小企业创立和发展创造有利的环境。

第四条 中小企业应当依法经营,遵守国家劳动用工、安全生产、职业卫生、社会保障、资源环境、质量标准、知识产权、财政税收等方面的法律、法规,遵循诚信原则,规范内部管理,提高经营管理水平;不得损害劳动者合法权益,不得损害社会公共利益。

第五条 国务院制定促进中小企业发展政策,建立中小企业促进工作协调机制,统筹全国中小企业促进工作。

国务院负责中小企业促进工作综合管理的部门组织实施促进中小企业发展政策,对中小企业促进工作进行宏观指导、综合协调和监督检查。

国务院有关部门根据国家促进中小企业发展政策,在各自职责范围内负责中小企业促进工作。

县级以上地方各级人民政府根据实际情况建立中小企业促进工作协调机制，明确相应的负责中小企业促进工作综合管理的部门，负责本行政区域内的中小企业促进工作。

第六条 国家建立中小企业统计监测制度。统计部门应当加强对中小企业的统计调查和监测分析，定期发布有关信息。

第七条 国家推进中小企业信用制度建设，建立社会化的信用信息征集与评价体系，实现中小企业信用信息查询、交流和共享的社会化。

第二章 财税支持

第八条 中央财政应当在本级预算中设立中小企业科目，安排中小企业发展专项资金。

县级以上地方各级人民政府应当根据实际情况，在本级财政预算中安排中小企业发展专项资金。

第九条 中小企业发展专项资金通过资助、购买服务、奖励等方式，重点用于支持中小企业公共服务体系和融资服务体系建设。

中小企业发展专项资金向小型微型企业倾斜，资金管理使用坚持公开、透明的原则，实行预算绩效管理。

第十条 国家设立中小企业发展基金。国家中小企业发展基金应当遵循政策性导向和市场化运作原则，主要用于引导和带动社会资金支持初创期中小企业，促进创业创新。

县级以上地方各级人民政府可以设立中小企业发展基金。

中小企业发展基金的设立和使用管理办法由国务院规定。

第十一条 国家实行有利于小型微型企业发展的税收政策，对符合条件的小型微型企业按照规定实行缓征、减征、免征企业所得税、增值税等措施，简化税收征管程序，减轻小型微型企业税收负担。

第十二条 国家对小型微型企业行政事业性收费实行减免等优惠政策，减轻小型微型企业负担。

第三章 融资促进

第十三条 金融机构应当发挥服务实体经济的功能,高效、公平地服务中小企业。

第十四条 中国人民银行应当综合运用货币政策工具,鼓励和引导金融机构加大对小型微型企业的信贷支持,改善小型微型企业融资环境。

第十五条 国务院银行业监督管理机构对金融机构开展小型微型企业金融服务应当制定差异化监管政策,采取合理提高小型微型企业不良贷款容忍度等措施,引导金融机构增加小型微型企业融资规模和比重,提高金融服务水平。

第十六条 国家鼓励各类金融机构开发和提供适合中小企业特点的金融产品和服务。

国家政策性金融机构应当在其业务经营范围内,采取多种形式,为中小企业提供金融服务。

第十七条 国家推进和支持普惠金融体系建设,推动中小银行、非存款类放贷机构和互联网金融有序健康发展,引导银行业金融机构向县域和乡镇等小型微型企业金融服务薄弱地区延伸网点和业务。

国有大型商业银行应当设立普惠金融机构,为小型微型企业提供金融服务。国家推动其他银行业金融机构设立小型微型企业金融服务专营机构。

地区性中小银行应当积极为其所在地的小型微型企业提供金融服务,促进实体经济发展。

第十八条 国家健全多层次资本市场体系,多渠道推动股权融资,发展并规范债券市场,促进中小企业利用多种方式直接融资。

第十九条 国家完善担保融资制度,支持金融机构为中小企业提供以应收账款、知识产权、存货、机器设备等为担保品的担保融资。

第二十条 中小企业以应收账款申请担保融资时,其应收账款的付款方,应当及时确认债权债务关系,支持中小企业融资。

国家鼓励中小企业及付款方通过应收账款融资服务平台确认债权债务关系,提高融资效率,降低融资成本。

第二十一条 县级以上人民政府应当建立中小企业政策性信用担保体系,鼓励各类担保机构为中小企业融资提供信用担保。

第二十二条 国家推动保险机构开展中小企业贷款保证保险和信用保险业务，开发适应中小企业分散风险、补偿损失需求的保险产品。

第二十三条 国家支持征信机构发展针对中小企业融资的征信产品和服务，依法向政府有关部门、公用事业单位和商业机构采集信息。

国家鼓励第三方评级机构开展中小企业评级服务。

第四章 创业扶持

第二十四条 县级以上人民政府及其有关部门应当通过政府网站、宣传资料等形式，为创业人员免费提供工商、财税、金融、环境保护、安全生产、劳动用工、社会保障等方面的法律政策咨询和公共信息服务。

第二十五条 高等学校毕业生、退役军人和失业人员、残疾人员等创办小型微型企业，按照国家规定享受税收优惠和收费减免。

第二十六条 国家采取措施支持社会资金参与投资中小企业。创业投资企业和个人投资者投资初创期科技创新企业的，按照国家规定享受税收优惠。

第二十七条 国家改善企业创业环境，优化审批流程，实现中小企业行政许可便捷，降低中小企业设立成本。

第二十八条 国家鼓励建设和创办小型微型企业创业基地、孵化基地，为小型微型企业提供生产经营场地和服务。

第二十九条 地方各级人民政府应当根据中小企业发展的需要，在城乡规划中安排必要的用地和设施，为中小企业获得生产经营场所提供便利。

国家支持利用闲置的商业用房、工业厂房、企业库房和物流设施等，为创业者提供低成本生产经营场所。

第三十条 国家鼓励互联网平台向中小企业开放技术、开发、营销、推广等资源，加强资源共享与合作，为中小企业创业提供服务。

第三十一条 国家简化中小企业注销登记程序，实现中小企业市场退出便利化。

第五章 创新支持

第三十二条 国家鼓励中小企业按照市场需求，推进技术、产品、管理模式、商业模式等创新。

中小企业的固定资产由于技术进步等原因,确需加速折旧的,可以依法缩短折旧年限或者采取加速折旧方法。

国家完善中小企业研究开发费用加计扣除政策,支持中小企业技术创新。

第三十三条 国家支持中小企业在研发设计、生产制造、运营管理等环节应用互联网、云计算、大数据、人工智能等现代技术手段,创新生产方式,提高生产经营效率。

第三十四条 国家鼓励中小企业参与产业关键共性技术研究开发和利用财政资金设立的科研项目实施。

国家推动军民融合深度发展,支持中小企业参与国防科研和生产活动。

国家支持中小企业及中小企业的有关行业组织参与标准的制定。

第三十五条 国家鼓励中小企业研究开发拥有自主知识产权的技术和产品,规范内部知识产权管理,提升保护和运用知识产权的能力;鼓励中小企业投保知识产权保险;减轻中小企业申请和维持知识产权的费用等负担。

第三十六条 县级以上人民政府有关部门应当在规划、用地、财政等方面提供支持,推动建立和发展各类创新服务机构。

国家鼓励各类创新服务机构为中小企业提供技术信息、研发设计与应用、质量标准、实验试验、检验检测、技术转让、技术培训等服务,促进科技成果转化,推动企业技术、产品升级。

第三十七条 县级以上人民政府有关部门应当拓宽渠道,采取补贴、培训等措施,引导高等学校毕业生到中小企业就业,帮助中小企业引进创新人才。

国家鼓励科研机构、高等学校和大型企业等创造条件向中小企业开放试验设施,开展技术研发与合作,帮助中小企业开发新产品,培养专业人才。

国家鼓励科研机构、高等学校支持本单位的科技人员以兼职、挂职、参与项目合作等形式到中小企业从事产学研合作和科技成果转化活动,并按照国家有关规定取得相应报酬。

第六章 市场开拓

第三十八条 国家完善市场体系,实行统一的市场准入和市场监管制度,反对垄断和不正当竞争，营造中小企业公平参与竞争的市场环境。

第三十九条 国家支持大型企业与中小企业建立以市场配置资源为基础的、稳定的原材料供应、生产、销售、服务外包、技术开发和技术改造等方面的协作关系，带动和促进中小企业发展。

第四十条 国务院有关部门应当制定中小企业政府采购的相关优惠政策，通过制定采购需求标准、预留采购份额、价格评审优惠、优先采购等措施，提高中小企业在政府采购中的份额。

向中小企业预留的采购份额应当占本部门年度政府采购项目预算总额的百分之三十以上；其中，预留给小型微型企业的比例不低于百分之六十。中小企业无法提供的商品和服务除外。

政府采购不得在企业股权结构、经营年限、经营规模和财务指标等方面对中小企业实行差别待遇或者歧视待遇。

政府采购部门应当在政府采购监督管理部门指定的媒体上及时向社会公开发布采购信息，为中小企业获得政府采购合同提供指导和服务。

第四十一条 县级以上人民政府有关部门应当在法律咨询、知识产权保护、技术性贸易措施、产品认证等方面为中小企业产品和服务出口提供指导和帮助，推动对外经济技术合作与交流。

国家有关政策性金融机构应当通过开展进出口信贷、出口信用保险等业务，支持中小企业开拓境外市场。

第四十二条 县级以上人民政府有关部门应当为中小企业提供用汇、人员出入境等方面的便利，支持中小企业到境外投资，开拓国际市场。

第七章 服务措施

第四十三条 国家建立健全社会化的中小企业公共服务体系，为中小企业提供服务。

第四十四条 县级以上地方各级人民政府应当根据实际需要建立和完善中小企业公共服务机构，为中小企业提供公益性服务。

第四十五条 县级以上人民政府负责中小企业促进工作综合管理的部门应当建立跨部门的政策信息互联网发布平台，及时汇集涉及中小企业的法律法规、创业、创新、金融、市场、权益保护等各类政府服务信息,为中小企业提供便捷无偿服务。

第四十六条 国家鼓励各类服务机构为中小企业提供创业培训与辅导、知识产权保护、管理咨询、信息咨询、信用服务、市场营销、项目开发、投资融资、财会税务、产权交易、技术支持、人才引进、对外合作、展览展销、法律咨询等服务。

第四十七条 县级以上人民政府负责中小企业促进工作综合管理的部门应当安排资金,有计划地组织实施中小企业经营管理人员培训。

第四十八条 国家支持有关机构、高等学校开展针对中小企业经营管理及生产技术等方面的人员培训,提高企业营销、管理和技术水平。

国家支持高等学校、职业教育院校和各类职业技能培训机构与中小企业合作共建实习实践基地,支持职业教育院校教师和中小企业技术人才双向交流,创新中小企业人才培养模式。

第四十九条 中小企业的有关行业组织应当依法维护会员的合法权益,反映会员诉求,加强自律管理,为中小企业创业创新、开拓市场等提供服务。

第八章 权益保护

第五十条 国家保护中小企业及其出资人的财产权和其他合法权益。任何单位和个人不得侵犯中小企业财产及其合法收益。

第五十一条 县级以上人民政府负责中小企业促进工作综合管理的部门应当建立专门渠道,听取中小企业对政府相关管理工作的意见和建议,并及时向有关部门反馈,督促改进。

县级以上地方各级人民政府有关部门和有关行业组织应当公布联系方式,受理中小企业的投诉、举报,并在规定的时间内予以调查、处理。

第五十二条 地方各级人民政府应当依法实施行政许可,依法开展管理工作,不得实施没有法律、法规依据的检查,不得强制或者变相强制中小企业参加考核、评比、表彰、培训等活动。

第五十三条 国家机关、事业单位和大型企业不得违约拖欠中小企业的货物、工程、服务款项。

中小企业有权要求拖欠方支付拖欠款并要求对拖欠造成的损失进行赔偿。

第五十四条　任何单位不得违反法律、法规向中小企业收取费用，不得实施没有法律、法规依据的罚款，不得向中小企业摊派财物。中小企业对违反上述规定的行为有权拒绝和举报、控告。

第五十五条　国家建立和实施涉企行政事业性收费目录清单制度，收费目录清单及其实施情况向社会公开，接受社会监督。

任何单位不得对中小企业执行目录清单之外的行政事业性收费，不得对中小企业擅自提高收费标准、扩大收费范围；严禁以各种方式强制中小企业赞助捐赠、订购报刊、加入社团、接受指定服务；严禁行业组织依靠代行政府职能或者利用行政资源擅自设立收费项目、提高收费标准。

第五十六条　县级以上地方各级人民政府有关部门对中小企业实施监督检查应当依法进行，建立随机抽查机制。同一部门对中小企业实施的多项监督检查能够合并进行的，应当合并进行；不同部门对中小企业实施的多项监督检查能够合并完成的，由本级人民政府组织有关部门实施合并或者联合检查。

第九章　监督检查

第五十七条　县级以上人民政府定期组织对中小企业促进工作情况的监督检查；对违反本法的行为及时予以纠正，并对直接负责的主管人员和其他直接责任人员依法给予处分。

第五十八条　国务院负责中小企业促进工作综合管理的部门应当委托第三方机构定期开展中小企业发展环境评估，并向社会公布。

地方各级人民政府可以根据实际情况委托第三方机构开展中小企业发展环境评估。

第五十九条　县级以上人民政府应当定期组织开展对中小企业发展专项资金、中小企业发展基金使用效果的企业评价、社会评价和资金使用动态评估，并将评价和评估情况及时向社会公布，接受社会监督。

县级以上人民政府有关部门在各自职责范围内，对中小企业发展专项资金、中小企业发展基金的管理和使用情况进行监督，对截留、挤占、挪用、侵占、贪污中小企业发展专项资金、中小企业发展基金等行为依法进行查处，并对直接负责的主管人员和其他直接责任人员依法给予处分；构成犯罪的，依法追究刑事责任。

第六十条 县级以上地方各级人民政府有关部门在各自职责范围内,对强制或者变相强制中小企业参加考核、评比、表彰、培训等活动的行为,违法向中小企业收费、罚款、摊派财物的行为,以及其他侵犯中小企业合法权益的行为进行查处,并对直接负责的主管人员和其他直接责任人员依法给予处分。

第十章 附则

第六十一条 本法自 2018 年 1 月 1 日起施行。

图书在版编目(CIP)数据

企业调研 / 于润, 徐林萍主编. — 南京：南京大学出版社, 2020.10
ISBN 978-7-305-23445-3

Ⅰ.①企… Ⅱ.①于… ②徐… Ⅲ.①企业管理—调查研究—教材 Ⅳ.①F272

中国版本图书馆 CIP 数据核字(2020)第 104424 号

出版发行	南京大学出版社
社　　址	南京市汉口路 22 号　　邮编　210093
出 版 人	金鑫荣
书　　名	企业调研
主　　编	于　润　徐林萍
责任编辑	武　坦　　　　　编辑热线　025-83592315
照　　排	南京开卷文化传媒有限公司
印　　刷	南京人民印刷厂有限责任公司
开　　本	787×1092　1/16　印张 11　字数 174 千
版　　次	2020 年 10 月第 1 版　2020 年 10 月第 1 次印刷
ISBN	978-7-305-23445-3
定　　价	33.00 元

网　　址：http://www.njupco.com
官方微博：http://weibo.com/njupco
微信服务号：njuyuexue
销售咨询热线：(025)83594756

＊版权所有，侵权必究
＊凡购买南大版图书，如有印装质量问题，请与所购
　图书销售部门联系调换

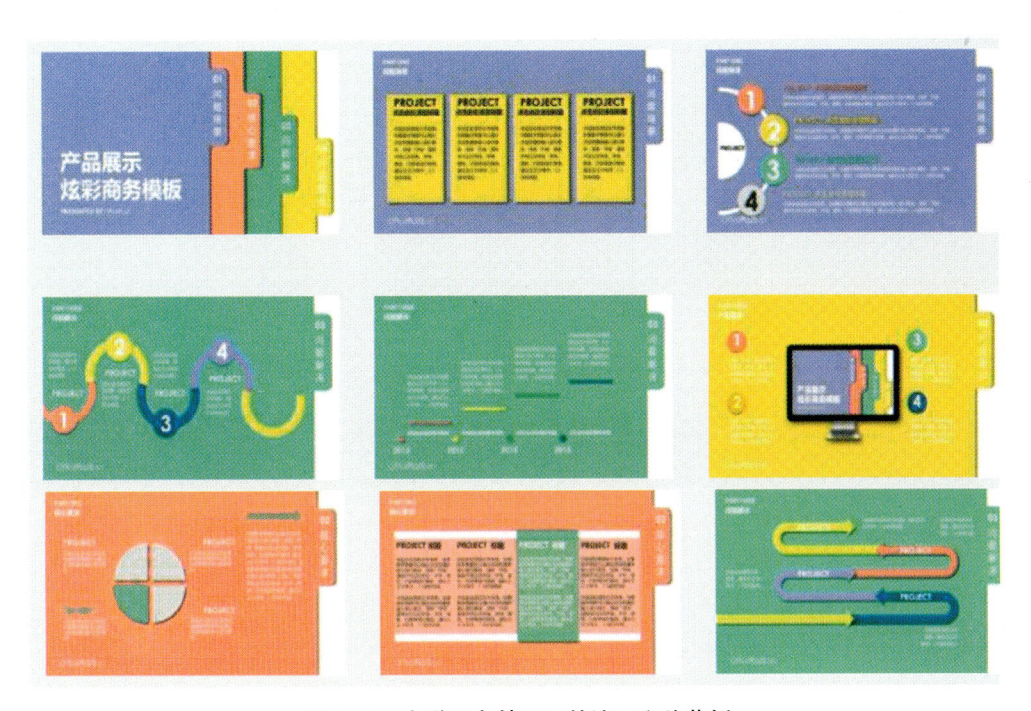

图 7-4 多种配色情况下的演示文稿范例

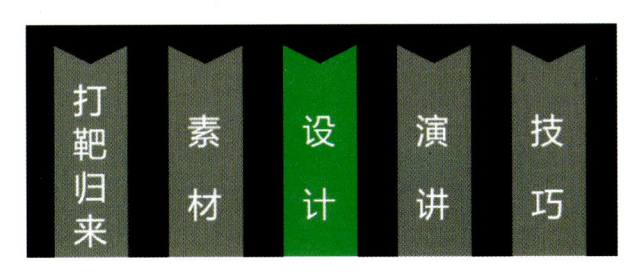

图 7-8 利用"重复中的变化"进行设计的范例